Horst Becker

Von Politikern und Regierung

Verarscht

Damit muss Schluss sein!
Durch Direkte Demokratie

Inhalt

Vorwort

Durch Korruption, Unfähigkeit und Verschwendung haben unsere Politiker unseren Staat in eine gewaltige Verschuldung und die Rentner um ihre wohlverdiente Rente gebracht. Sie haben durch ihre Politik die Reichen immer reicher gemacht und den Normalbürger immer ärmer. Sie haben sich mit den Banken und dem Großkapital ins Bett gelegt. Es gibt keinerlei Transparenz, sie wird bewusst vermieden, man will sogar Whistleblowern den Prozess machen, wie neulich nach der Aufdeckung von Einzelheiten zu den TTIP-Verhandlungen mit den USA. Der Bürger hat keinerlei Mitspracherecht, er ist degradiert zu dummem Stimmvieh.

Der Bürger wird verarscht.   Das muss ein Ende haben!

Deshalb habe ich dieses Buch geschrieben, in dem ich den Politikern ebenso wenig Wertschätzung zolle, wie diese dem Bürger. Sicher gibt es auch in den etablierten Parteien eine Reihe von Politikern, die ihre Sache ehrlich meinen und auf die meine Schuldzuweisungen nicht zutreffen, doch was ich bei meinen Recherchen herausgefunden habe, betrifft die Politiker, die letztlich das Sagen haben. Und der Fisch stinkt bekanntlich vom Kopf her. Dieses Fehlverhalten aus Korruption, Rechtsbruch, Vetternwirtschaft, Spendenaffären, Verwandtenbeschäftigung und vor allen Dingen Geldverschleuderung durch fehlende Kompetenz wird hier und da mal aufgedeckt und erscheint in Rundfunk und Presse – ist aber nach kurzer Zeit wieder vergessen. Wenn man, wie ich, diese Dinge über einen längeren Zeitpunkt beobachtet recherchiert und sie in ihrer Gesamtheit sieht, dann überkommt einen die Wut, dass der Bürger so beschissen wird. Ich bin kein Literat, man kann von mir nicht erwarten, mit diesen Politikern sanft umzugehen, auf einen harten Klotz gehört ein harter Keil. Um einer breiten Öffentlichkeit mein Anliegen aufzuzeigen – es liest nun mal nicht jeder ein ganzes Buch –, stelle ich den Leserinnen und Lesern zwei Versionen zu Verfügung. Einmal das Buch mit ausführlichen Einzelheiten und eine Kurzfassung des darin Gesagten als Zusammenfassung.

Zu diesen negativen Auswirkungen in Form von Fehlverhalten der Politiker, Rechtsbruch, Intransparenz, Korruption und Verschwendung kam es durch eine fehlende direkte Einflussnahme oder Mitbestimmung der Bürger. Diesem Zustand kann nur durch eine radikale Veränderung begegnet werden, nämlich durch eine direkte Mitbestimmung bzw. Bestimmung der Bürger.

Demokratie heißt Volksherrschaft und die ist nur auf dem Weg einer direkten Demokratie zu erlangen. Angesichts des Versagens der Politiker in einer parlamentarischen Demokratie (bei der der Bürger nicht direkt mitbestimmen kann) zeige ich auf, **wie eine parlamentarische Demokratie realisiert werden kann, mit der Möglichkeit einer direkten Bestimmung durch den Bürger.**

Die entsprechenden Voraussetzungen werde ich schaffen. Es ist Aufgabe der Bürger, diese Sache zu vollenden und eine Staatsform herbeizuführen, in der Demokratie bzw. Volksherrschaft nicht nur ein leeres Wort ist, sondern in der wahre Demokratie herrscht, die **direkte Demokratie.**

Herstellung und Verlag:
BoD-Books on Demand, Norderstedt
ISBN: 978-3-7412-9473-0

Einführung in kurzen Worten

Das Wort *verarscht* im Titel dieses Buches soll aussagen, dass der Normalbürger in vielerlei Hinsicht von Politikern im Verein mit Banken, Kapital und Medien nach Strich und Faden belogen, betrogen und übervorteilt wird, eben im Sinne des Wortes „verarscht". Die Medien habe ich miteinbezogen, weil sie viel zu unkritisch auf die negativen Entwicklungen reagieren und sich zum Helfer dieser Politiker machen, indem sie deren Meinungen zu ihren eigenen machen, anstatt sie kritisch zu hinterfragen und daran Kritik zu üben.

Ich möchte als Beispiel nur einmal die Entwicklung der Schere zwischen Arm und Reich (siehe Statistik) aufführen, die ja nicht von ungefähr kommt, sondern durch eine Reihe von Maßnahmen der Politiker erst entstand, nämlich durch Steuersenkungen für die Besserverdienenden. Es gibt hierzu keinen Aufschrei in der Presse. Die Presse schweigt.

Diese Entwicklung führt, wenn ein bestimmter Punkt erreicht ist, zwangsweise zu Aufstand oder Revolution, wenn sie nicht gestoppt und verändert wird. Dazu passt der Spruch der 68er-Bewegung:

„Was lange gärt, wird endlich Wut."

Mein Buch soll dazu dienen, diese Fehlentwicklungen darzustellen und aufzuzeigen, dass der Bürger durchaus die Möglichkeit hat, diese Dinge auf demokratische Weise wieder ins Lot zu bringen.

Da die meisten Bürger in scheinbar positiven Verhältnissen leben, bekommen sie nicht mit, was wirklich abgeht. Dies wird erst geschehen, wenn sie am eigenen Leibe die Konsequenzen spüren werden: niedrige Renten und die Forderung des Staates, für seine Schulden einzustehen, beispielsweise durch Zwangshypotheken, was irgendwann unausweichlich sein wird.

Ich möchte die Fehlentwicklungen, die für die meisten Bürger nicht spürbar sind – noch nicht spürbar sind –, aufzeigen. Es ist eine Entwicklung, die über viele Jahre durch schlampige

„Arbeit" der Regierenden entstanden ist. Sie wird uns und die nachfolgende Generation in absehbarer Zeit in Form von Hungerrenten, Wegnahme und Belastung von Grundbesitz und Vermögen sowie in vielen anderen negativen Formen treffen.

Durch die Ablenkung der Medien wird den meisten Menschen nicht bewusst, in welcher Lage wir bereits heute sind und welche Auswirkungen das für die Zukunft hat.

Wenn man bedenkt, dass der Staat, sowohl für jedes neugeborene Baby als auch für jeden anderen Bürger, bereits einen Schuldenberg von mehr als 25.000 Euro angesammelt hat – für eine Familie mit zwei Kindern also mehr als 100.000 Euro –, dann wird einem klar, dass er sich auf irgendeine Weise das Geld von dem Bürger zurückholen wird. Denkansätze dazu sind schon da, indem Gemeindepolitiker vorhaben, die Bürger mit den Schulden der Gemeinde zu belasten.

Aber das sind noch nicht alle Schulden und Verpflichtungen, die der Staat (die Politiker) eingegangen ist, da gibt es auch die impliziten Schulden, die sich aus in Zukunft zu zahlenden Pensionen etc. zusammensetzen, diese werden noch einmal auf mindestens drei Billionen Euro geschätzt.

Dabei gehen die Berechnungen weit auseinander. Risk geht in einem Bericht vom 12.7.2012 von einer Summe von 2,7 Billionen Euro aus, die Stiftung Marktwirtschaft von 137% des BIP, ca. 4 Billionen Euro, und Sinn kommt gar auf 206% des BIP, also 6 Billionen Euro.

Diese Zahlen erfährt der Normalbürger nicht, das gehört zur Intransparenz, die durchgängig von den Politikern betrieben wird. Da wird zur Hilfe für die „armen" Banken eine „Bad Bank" geschaffen, in der neben dem Bundeshaushalt Milliardenverluste versteckt werden.

Das sind deine Schulden, Bundesbürger, für die wirst du bezahlen müssen. Da gibt es einen Schuldenfonds der EU für Griechenlandhilfen etc. mit inzwischen über 140 Milliarden Euro, anteilig sind das ebenfalls deine Schulden, Bundesbürger. Zahlungen der EU an Griechenland, für die wir haften. Auch die erscheinen nicht im Bundeshaushalt. Jedes ordentliche Wirtschaftsunternehmen würde dafür Rückstellungen in seiner

Bilanz machen.

Irgendwann trifft das alles die Bürger, zuerst wahrscheinlich die Rentner. Irgendwann wird der Staat auch die Schulden eintreiben müssen, spätestens wenn er oder die EU Insolvenz anmelden müssen. Insolvent ist unser Staat schon lange, ebenso wie die EU, deren Verschuldung dramatisch weiter in die Höhe geht. Aufgelaufen sind diese Schulden durch die Inkompetenz der Politiker, die zu Verschleuderung, Korruption, Vetternwirtschaft und Wirtschaftskriminalität führte.

Mein Ziel ist es, den Bürger zu motivieren, sich an der Beseitigung der Fehlentwicklungen zu beteiligen. Dafür zu sorgen, dass diese Politik gestoppt und in Zukunft eine andere betrieben wird. Dazu ist von allen Bürgern Engagement nötig und gefordert. Ich werde aufzeigen, dass das mit den Möglichkeiten unserer demokratischen Ordnung möglich ist.

Hans Olaf Henkel schreibt in seinem Buch *Rettet unser Geld* „Ungefähr zur selben Zeit, als Thilo Sarrazin seinen Rücktritt als Bundesbankvorstand bekannt gab, zog der Schweizer Journalist Roger Köppel in einem FAZ-Beitrag den deprimierenden Schluss: ‚Ja, man darf seine Meinung äußern in Deutschland. Aber wer seine Meinung äußert, die der Obrigkeit nicht genehm ist, der kann seinen Job verlieren und wird geächtet. Ihn trifft die geballte Ausgrenzungsmacht des Staates.'"

Aber ich denke an **die Geier, die unser Land ausplündern und die den nachfolgenden Generationen ihre Zukunft stehlen.** Wenn es mir gelingt, die Menschen in Deutschland und darüber hinaus dazu zu bringen, dass sie einen Staat und eine Gesellschaft schaffen mit einer gerechten Verteilung, mit der Eindämmung von Korruption, Vetternwirtschaft der Politakteure und Lobbyismus, mit einer vernünftigen Bankenpolitik und einer gerechten Energiepolitik, dann ist der mit Sicherheit auf mich zukommende Hass die Sache wert.

Viele Menschen in Deutschland gehen nicht mehr zur Wahl, weil sie sich von den Parteien nicht mehr vertreten fühlen. Sie haben jetzt die Chance, etwas zu bewegen, selbst mitzubestimmen. Viele haben aus Tradition die SPD gewählt, weil sie für die Arbeiter und Arbeitnehmer stand. Viele haben aus Tradition die CDU gewählt, weil in ihrem Namen das Wort „christlich" vorkommt, bei der CSU auch noch „sozial", und weil ihr Pfarrer ihnen diese Partei mal empfohlen hatte. Viele haben die FDP gewählt, weil sie früher für Liberalismus stand. Viele haben die Grünen gewählt, weil sie umweltbewusst waren. Viele haben KPD, die SED oder heute Die Linke gewählt, weil sie den Sozialismus für eine gerechtere Sozialordnung hielten.

Die, die SPD gewählt haben, mussten inzwischen einsehen, dass diese Partei nicht mehr den Arbeitnehmer vertritt, sondern durch Kapital, Großunternehmen und Banken korrumpiert worden ist. Die, die CDU und CSU gewählt haben, sollten inzwischen festgestellt haben, dass das Verhalten ihrer Politiker nicht mehr mit dem christlichen und sozialen Gedankengut vereinbar ist. Die, die FDP gewählt hatten, haben den Knall schon gehört, Mövenpick lässt grüßen (gemeint ist die Millionenspende durch den Hotel-Unternehmer August von Finck).

Die, die Grünen gewählt haben, brauchen eine neue Vision.

Die, die Linken gewählt haben, sollten einsehen, dass ihre Idealvorstellungen nicht zu verwirklichen sind. Wie die Realität aussieht, zeigen Fischer, Schröder, Glos und Pofalla stellvertretend für die ganze Sippe. Da fällt mir der viele Jahre alte Spruch eines *Vorwärts*-Redakteurs ein: **„Im Sozialismus nutzen Menschen Menschen aus, im Kapitalismus ist es umgekehrt."**

Es gibt nur eine Staatsform, bei der alle Menschen mitbestimmen und eine gerechtere Welt schaffen können, das ist die **direkte Demokratie.**

Ich habe mir vorgenommen, zusammen mit Gleichgesinnten dieses Ziel zu verwirklichen. Wie weit das in den einzelnen Ländern möglich ist, weiß ich nicht, aber ich möchte es für die Zukunft der nachfolgenden Generationen anschieben. Notwendig zu dessen Verwirklichung ist, zunächst wieder eine Denkweise einzunehmen, wie es sie in früheren Jahren gab und die man mit „Wir denken" und „Wir handeln" beschreiben kann. Diese Haltung ist im Laufe der Zeit in großen Teilen der Bevölkerung einem „Ich denke" gewichen. Die Gründe dafür sind vielfältig. Einflüsse wie Telekommunikation und Fernsehen haben die Bürger zu einer Passivhaltung gegenüber dem Wir gebracht. Diese Haltung spiegelt sich beispielsweise in dem Verhalten bei und gegenüber der Arbeit im Verein wider. Es wird immer schwerer, Menschen zu finden, die bereit sind, hier Posten zu übernehmen und etwas für andere zu tun. Die meisten wollen lediglich die Vorteile eines Vereins nutzen, selber aber nichts dafür leisten.

Ob bewusst oder unbewusst, wir sind in eine Situation gekommen, wo für uns alles von anderen übernommen wird. Dadurch ist eine Mentalität geschaffen worden, die uns passiviert, uns passiv macht. Und entsprechend verhalten wir uns dann auch. Nehmen wir einmal die Nichtwähler, deren Zahl immer größer wird. Sie begründen ihre Haltung damit, dass sie sowieso nichts ändern können.

In einer Weise haben sie recht, in der anderen Weise ist ihnen jedoch die Möglichkeit gegeben, selbst etwas zu tun, sich zu engagieren. Aber ich muss ihnen Recht geben, dass sie selbst bei einem Engagement für eine Partei recht wenig bewegen können. Denn die Partei bestimmt und nicht der Einzelne. Selbst wenn 80% der Bevölkerung eine bestimmte Meinung vertreten, entscheiden die Partei oder die Regierenden oftmals anders. Dies führt natürlich zu einer Parteienverdrossenheit, die schwindenden Zahlen von Parteimitgliedern spiegeln das wider. Die Menschen ziehen sich zurück in ein Schneckenhaus. Sie werden zum Ich. Das ist den Politikern nicht unangenehm, es macht ihnen das Leben leichter.

Große Unterstützung für das Erreichen dieser Mentalität kommt natürlich durch die Medien, sie sind meinungsbildend, das heißt, sie bilden unsere Meinung und das erfolgreich, denn wenn man oft genug das Gleiche hört, macht man es sich zu eigen. Nun hören natürlich auch die Medienvertreter in erster Linie das, was die Politiker sagen. Sie machen es größtenteils zu ihrer eigenen Meinung, bewusst oder unbewusst. Nehmen wir mal zu deren Ehre an, dass es zum größten Teil unbewusst geschieht, weil sie doch nichts anderes hören. Es gibt auch kritische Journalisten, doch diese haben nur einen relativ kleinen Leser- und Zuhörerkreis, und die kritischen

Fernsehjournalisten, wie zum Beispiel Plasberg, haben ja meistens als Gäste Bosbachs. Da geht dann die Kritik letztlich auch wieder unter.

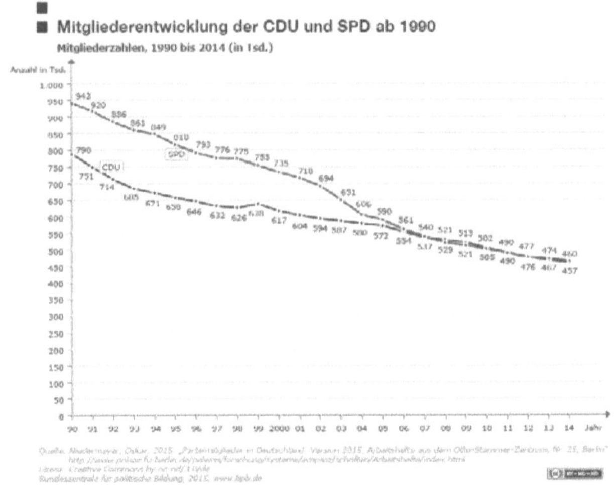

Wie es gehen kann und wie ich mir das vorstelle, werde ich im letzten Kapitel dieses Buches beschreiben. Vorher werde ich den Zustand unserer jetzigen Welt in Deutschland und Europa darstellen und die Gründe, wie es dazu kommen konnte.
Wir Bürger sind in der Lage, alles besser zu machen und zu verändern. Wir müssen nur wollen. Die Anregungen von mir sollen als Vorschläge und Möglichkeiten gesehen werden. Meines Erachtens unkritische und nicht objektive Berichterstattung versuche ich aus anderer Sicht darzustellen, wie beispielsweise die Darstellung der NATO-Erweiterung nach Osten durch die Politiker und die Medien, die meines Erachtens wissentlich falsch ist. Die Aussage Genschers und Bakers, dass es keine NATO-Ausweitung nach Osten gebe, wird bewusst verschwiegen.
Gott sei Dank gibt es in einer Partei, die die direkte Demokratie vertritt, keine Doktrinen und keine vorgegebenen Meinungen, sondern der Bürger formt und bestimmt die Meinungsbildung.

Ich appelliere an die Vernunft derer, die bisher durch diesen Staat übermäßig bevorteilt worden sind, diesen Wandel zu unterstützen. Auf lange Sicht profitieren auch sie davon.

Die etablierten Parteien haben ihren Bonus verspielt, den Bürger zu vertreten, ihn richtig zu vertreten, ihm völlige Transparenz zu ermöglichen, ihn mitentscheiden zu lassen, nicht zu bevormunden, im Sinne des Bürgers zu denken.

Man stellt bei Politikern, aber auch bei Medienvertretern ein klischeehaftes Parteiendenken fest, das tief verwurzelt ist. Diese Denke hat man der Allgemeinheit, wie bereits beschrieben, sukzessiv vermittelt.

Oberstes Ziel aller Parteien ist der Machterhalt. Dies wird ihnen vom Wähler auch leicht gemacht, weil dieser zunächst einmal nach den bereits beschriebenen geschichtlichen Einordnung der Parteien wählt. Es gibt zwar immer wieder Wählerwanderungen, aber die etablierten Parteien sind in den Köpfen unserer Bürger und Wähler fester Bestandteil unserer Demokratie. Eigentlich wollen die Bürger aber vieles anders, eigentlich wollen sie mitbestimmen (laut *hart aber fair* 87%) – eigentlich. Aber das wollen natürlich die Parteien nicht. Für die reicht es, zu den Wahlen ein paar attraktive Wahlgeschenke auszupacken, um wiedergewählt zu werden.

Nun ist aber eine neue Partei aufgetaucht, die AfD. Eine Partei, die sich in erster Linie den Euro und die Verschuldung in Europa zum Thema machte und damit eine Reihe von Bürgern aufschreckte, so dass sie bei der Europawahl auf Anhieb innerhalb eines Jahres nach ihrer Gründung auf 7% der Wählerstimmen kam. Ein Zeichen, dass sich doch eine Menge Bürger Gedanken über den Sinn des Euros und die Verschuldung machten.

Zunächst redete man die AfD klein, dann bezeichnete man sie als rechtspopulistisch, als ausländerfeindlich usw. Sicherlich ist es nicht leicht für eine neue Partei, zu verhindern, dass sich auch Leute aus der rechten Szene bei ihnen einschmuggeln, aber nach allem, was ich über Herrn Lucke gehört habe, hat er keinen Drang in die rechte Ecke, in die man ihn gerne stellt. Übrigens hätte die CDU dann 33 Jahre lang einen Rechten in ihrer Partei beherbergt, denn Lucke war so lange deren

Mitglied. Auffällig, aber nicht verwunderlich ist, dass man nicht versucht, ihn mit Sachfragen zu konfrontieren, sondern nur auf populistische Weise als populistisch zu bezeichnen. In Sachfragen sind sie dem Wirtschaftsprofessor wohl nicht gewachsen. In den Kreis derer, die ihn in eine rechte Ecke rücken und ihn als populistisch bezeichnen, fügen sich die Medien munter ein. Ein Zeichen, wie die Medien ticken.

Michel Friedman (CDU), als Kommentator, rechnete das Wahlergebnis von 7% gar auf 3,5% runter (in der Sendung *hart aber fair*), was wohl an seinen dürftigen Rechenkünsten lag. Wahrscheinlich hat Friedman früher seinen Mathematiklehrer genauso wenig zu Wort kommen lassen und zugequatscht wie die Teilnehmer seiner Moderationen und dadurch das Einmaleins, die Grundrechenarten, nicht mitbekommen.

Bisher reichen „haltlose Argumente" und gelegentliche Wahlgeschenke für die etablierten Parteien aus, um sich zu halten.

Um diese Situation zu verändern, muss man die Bürger sensibilisieren, sie für politische Themen interessieren, ihnen die wahre Welt vor Augen führen. Dies geschieht mancherorts bereits. Wenn es richtig gemacht wird, führt es auch zu Ergebnissen, davon zeugen Volksentscheide, durch die das Interesse an direkter Demokratie geweckt werden könnte. Ich nenne als Beispiele: der Bürgerentscheid über die Olympischen Spiele in Bayern, das Referendum über die Olympischen Spiele in Hamburg, der Bürgerentscheid über die Erhaltung des Flughafens Tempelhof in Berlin, der Bürgerentscheid über den Ausbau der Messe Essen etc. Die etablierten Parteien haben jeweils mit Unverständnis auf die Entscheidung der Bürger reagiert und ihnen fehlende Sachkenntnis vorgeworfen.

Die Ergebnisse zeigen, dass die Bürger in politische Entscheidungen miteinbezogen werden wollen. Die Parteien haben bisher jedoch versucht, sie mit Intransparenz und fehlenden Informationen von allen Entscheidungen fernzuhalten.

Da die Parteien dazu neigen, nur an das Heute und die nächste Wahl zu denken, unsere Zukunft und die unserer nachfolgenden Generationen aber nicht im Auge haben und spontane Entscheidungen treffen, ohne die Konsequenzen zu berücksichtigen, ist es dringend nötig, die Menschen für Politik und damit für politische und wirtschaftliche Entscheidungen zu interessieren. Denn die Politiker sind meist nicht in der Lage, über den Tellerrand hinauszusehen.

Beispiele gibt es ohne Ende. Nehmen wir die Aufnahme Griechenlands in die EU. Keinem Unternehmer, Manager oder auch nur sich sachkundig machenden Menschen wäre ein solcher Fehler wie die Aufnahme Griechenlands in die EU passiert. Ein Fehler, für den der deutsche Steuerzahler bisher mit zweistelligen Milliardenbeträgen haftet und in der Zukunft ein Risiko von 84 bis 88 Milliarden Euro trägt (ifo Institut, *FAZ* vom 19.8.2016). Oder denken wir an die ungezügelte Aufnahme osteuropäischer Länder in die EU, ohne sich vorher Gedanken über deren Auswirkung zu machen. Kritiker dieser Maßnahme stellt man zunächst in die rechte Ecke, anschließend versuchte man die blauäugig angerichteten Schäden zu beheben. Außerdem die neuen Forderungen an die Hartz-IV-Berechtigung; Zahlungen für Kinder, die im Ausland leben zu stoppen, um nur zwei weitere Beispiele zu nennen. Diese Reihe an kurzsichtigen Fehlentscheidungen kann man beliebig fortsetzen.

Lobbyismus und Vetternwirtschaft

Der Bürger hat im Gegensatz zu vielen anderen Teilen der Gesellschaft keine Lobby. Er wird von den Politikern nicht ernst genommen, er braucht auch nicht ernst genommen zu werden, weil er keine Macht hat, er wird vernachlässigt, er wird benachteiligt, er wird **verarscht.**

Unter verarscht verstehe ich mangelnde Transparenz, dass er nicht mit bekommt, wo die Kohle beispielsweise hingeht, mangelnde Information, beispielsweise, wer welchen Posten zugeschoben bekommt, außerdem die Bevorzugung vieler Interessengruppen, wie beispielsweise Banken, Unternehmen, Organisationen. Dazu gibt es Interessenvertreter (Lobbyisten), die für alle möglichen Gruppen tätig sind, nur der normale Bürger hat keine Lobby. Die Beamten und die Parlamentarier werden von Haus aus vertreten, weil sie in den Parlamenten sitzen.

Der größte Teil der Bevölkerung, der normale Bürger, hat keine Lobby. Darum kommt er auch am schlechtesten weg. Wir werden das bei der Reallohnentwicklung sehen, bei den Renten, bei der Versteuerung hoher Einkommen, bei dem immer weiter Auseinanderdriften von Arm und Reich.

Traditionell hat der normale Bürger eine Partei gewählt, von der er glaubt, dass sie seine Interessen am besten vertritt. Das ist nicht mehr so. Letztlich sind die Parteien zunächst mal ihre eigenen Lobbyisten. Vorrangig versorgt man erst mal sich, seine Verwandten, seine Parteigenossen, sein Umfeld, was auch schon mal ein Verein sein kann. Was es an Posten in Verwaltungen, städtischen Betrieben, kommunalen Einrichtungen, halbstädtischen oder halbstaatlichen Betrieben so gibt, auch Posten in großen Unternehmen – alles wird mit- und eingenommen (siehe die Auflistung der Nebenjobs der Abgeordneten am Schluss des Buches). Für mich ist das Vetternwirtschaft, ich werde später darauf zurückkommen.

Um die Bürger bei Laune zu halten, macht man ihnen Wahlgeschenke, so absurd diese teilweise sein mögen, wie die

Rente mit 63, eine Frauenquote im Aufsichtsrat (was letztlich wieder nur Posten für Parteigänger bedeutet).

Der größte Wahlschlager waren Kitas. Ist gut angekommen, war aber wie üblich mit vielen Fehlern behaftet, weil nicht richtig durchdacht. Aber mit solchen Wahlgeschenken lenkt man von den wirklichen Problemen ab. Sie treten in den Hintergrund.

Entscheidend für den Bürger ist jedoch: Wie schneidet er bei der Verteilung des Profits aus der positiven wirtschaftlichen Entwicklung ab?

Wenn ich die Entwicklung der Verteilung vergleiche, kann ich nur sagen, er wird **verarscht**, von vorne bis hinten.

Nicht ohne Grund wird ein kleiner Teil der Bevölkerung immer wohlhabender und bessergestellt, die breite Masse hingegen hat nur einen geringen Anteil am wirtschaftlichen Erfolg. Sie erarbeitet diesen in erster Linie, geht aber so gut wie leer aus, wenn es um dessen Verteilung geht. Die Schere zwischen Arm und Reich geht immer weiter auseinander, es sind aber nicht nur die Superreichen, die absahnen, sondern auch die, die durch ihre Positionen in Politik und Wirtschaft zu den oberen Klassen gehören. Politiker, die ihre Beziehungen verkaufen und für Vorträge viele hunderttausend Euros bekommen, Vorträge bei Unternehmen halten, denen sie vorher Aufträge zugeschanzt haben, oder deren Interessen in der Politik vertreten.

Unternehmen geben hunderttausende Euros für das Durchsetzen ihrer Interessen in der EU durch Frau Merkel aus in Form von Spenden für ihre Partei. Westerwelles FDP kassierte, nach Senkung der Mehrwertsteuer für Hoteliers, Spenden von Mövenpick.

Studien zeigen, dass der normale Bürger, der letztlich das Bruttosozialprodukt erwirtschaftet, der am Arbeitseinsatz den größten Anteil für das Wirtschaftswachstum leistet, bei Weitem am wenigsten davon abbekommt.

Es gibt nur eine Möglichkeit, wie sich der Bürger eine eigene Lobby schaffen kann: indem er sich über eine eigene Partei ermöglicht, über alles mitzubestimmen, auch über die Verteilung. Nur über diesen Weg kann er totale Transparenz herbeiführen und an allen politischen Entscheidungen mitwirken.

Ich glaube, dass heute noch die Möglichkeit besteht, eine Veränderung in diese Richtung zu schaffen. Da im Laufe der Zeit immer mehr Menschen Profiteure, aber auch Abhängige unseres jetzigen Staatssystems geworden sind und an den Schalthebeln der Macht und der Meinungsbildnern sitzen, wird es immer schwieriger werden, eine solche Veränderung zu bewirken.

Doch schaffen wir keine Veränderung, führt das in eine Zweiklassengesellschaft, bei der der arbeitende, das Wirtschaftsprodukt schaffende Bürger der Dumme ist, während der andere Teil, die Politiker und deren Profiteure, den Rahm abschöpfen, ähnlich wie in sozialistischen Systemen. Nehmen Sie allein einmal die Posten unserer Abgeordneten in Aufsichtsräten und dergleichen (Sie finden sie am Ende dieses Buches aufgelistet): Zuschusterei von Posten ohne fachliche Kompetenz.

Wenn ich von Profiteuren spreche, gehören neben Politikern mit ihrem Anhang sowie Unternehmen und Banken auch in großem Maße die Medienvertreter aus Rundfunk und Fernsehen und weitere große Teile der Presse dazu. Denn zum größten Teil wird die Meinung des Bürgers von der Presse unterschwellig infiltriert.

Die Ausstrahlungen der Medien bewirken, dass der Bürger (Zuschauer) völlig eingenebelt wird, dass er die Meinung der Presse immer mehr zu seiner eigenen macht, dass er so viel Mist inhaliert, dass er zu einem vernünftigen eigenen Denken nicht mehr in der Lage ist und den Manipulationen erliegt.

Mit Ausgaben der öffentlichen Rundfunkanstalten von inzwischen mehr als **9,6 Milliarden Euro im Jahr** wurde eine Institution geschaffen, bei der von Gnaden der Politik Leute Unsummen verdienen und allgemein ein hoher Verdienst für alle möglich ist. Wer will schon einen solchen Job verlieren, wenn er gegen seine Gönner berichtet. Das Familienministerium, hat einen Etat von **7,6 Milliarden Euro**, im Vergleich zu den Ausgaben für Funk und Fernsehen von 9,6 Milliarden Euro.

Da kann man doch guten Gewissens vom Staatsrundfunk und Staatsfernsehen sprechen. Bei diesen Medien sind mittlerweile viele tausend Menschen beschäftigt, weiterhin profitieren einzelne Moderatoren dadurch, dass sie durch eigene Unternehmen Produktionen für diese Medien anfertigen. Hier wird gnadenlos Geld verpulvert für Serienstars und Prominentenspiele, wobei den Bürgern mit fragwürdigen Methoden Geld aus der Tasche gezogen wird. Neuerlich wurde bekannt, dass Moderatoren wie Netzer und Scholl allein Millionen im Jahr kassieren sollen.

Hinzu kommt das private Fernsehen mit noch einmal 4 bis 6 Milliarden Euro an Ausgaben, die über Werbeeinnahmen eingespielt und letztlich auch vom Bürger bezahlt werden als Werbekosten, die auf die Konsumartikel aufgeschlagen werden. Sowohl das private Fernsehen als auch die Zeitschriften und Zeitungen befinden in wenigen Händen, die die Meinung der Leute bilden.

Als Beispiele seien genannt Springer, Burda und Funke.

Auch diese Leute gehören zu einer Klientel, die nicht dies des normalen Bürgers ist. Auch durch sie wird intensive, teilweise unterschwellige Meinungsbildung betrieben. Aber es wird auch zu einer Verdummung mit einem zeitweilig unerträglichen Mist, wie *Dschungelcamp* oder *Big Brother*, beigetragen, der für einen normalen Menschen nur schwer zu ertragen ist.

Die Meinungsbildung in Deutschland liegt also in erster Linie in den Händen der Regierung – entschuldigung, ich meinte, in Händen des „öffentlich rechtlichen Rundfunk und Fernsehens" und von Bertelsmann und Media AG mit Ausgaben von 15 bis 16 Milliarden Euro, die ausschließlich von den Bürgern bezahlt werden. Und wer bestimmt die Meinung und welche Mitbestimmung hat der Bürger dabei? Ihm wird seine Meinung schon bestimmt. Dann kommen noch die Zeitschriften, die Magazine und die Tageszeitungen: Burda, Springer, Funke etc. Eine Hand voll Unternehmen beherrscht die Medien.

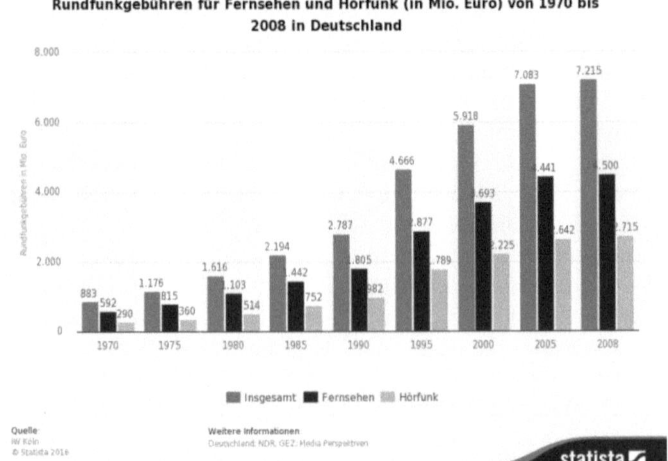

Man kann nun nicht alle Medienberichterstatter über einen
Kamm scheren, doch gibt ein großer Teil von ihnen
ausschließlich die Meinung der Regierungsparteien wieder.
Das mag auch daran liegen, dass bei uns fast ausschließlich
diese Leute zu allen politischen Dingen befragt werden und
ihre Meinung sagen, die dann wiederum von den
Berichterstattern zu ihrer eigenen Meinung gemacht wird.
Auffällig ist, dass diese selten regierungskritisch ist. Nur wer
im Internet richtig recherchiert, stellt fest, dass es eine Reihe
renommierter Wissenschaftler und Wirtschaftsfachleute gibt,
die eine viel differenziertere Meinung haben. Nur kommen
diese in Rundfunk und Fernsehen nicht zu Wort. Wer etwas
gegen die Regierungsmeinung sagt, grenzt sich aus. Nehmen
wir den ehemaligen stellvertretenden bayrischen
Ministerpräsidenten Gauweiler. Dieser Mann hat erfahren
müssen, dass das Recht ist, was die Regierung sagt, auch vor
dem Bundesverfassungsgericht. Es hätte keine Zustimmung zur
Vertragsänderung des §125 des EU Vertrages geben dürfen. Mit
dem Verweis auf den Europäischen Gerichtshof hat

Deutschland seine Souveränität aufgegeben. Auch für mich hat das Bundesverfassungsgericht nicht dafür gesorgt, dass Schaden vom deutschen Volk abgewandt wird. Der EU-Vertrag hätte niemals abgeändert werden dürfen. Deutschland hätte nie einer solchen Veränderung zustimmen dürfen. Die Haftung für andere EU-Staaten durch den deutschen Bürger und Steuerzahler in einer Höhe von mehr als 800 Milliarden Euro, die uns Frau Merkel federführend, aber auch das Parlament in einem dreitägigen Husarenstreich aufdrückte, hat gezeigt, dass bei uns alles am Bürger vorbei abgehandelt werden kann und wird. Herr Gauweiler hat als Anwalt aus meiner Sicht diese Ohnmacht gesehen und kennengelernt und war nicht weiter bereit, diesen Irrsinn mitzumachen. Diese Machtausübung, ohne Kontrolle durch den Bürger, erinnert an den Umgang in totalitären Staaten. Man setzt sich über das Grundgesetz hinweg, indem man dem Land keine neue Verfassung gibt, man tritt der EU bei, ohne das Volk, den Bürger zu befragen und mitentscheiden zu lassen, im Gegensatz zu anderen Ländern, man gibt die D-Mark auf und führt den Euro ein, ohne die Bürger mitbestimmen zu lassen (und das, laut Kohl, weil diese dagegen gewesen wären). Das sind Manieren totalitärer Staaten, aber nicht die einer Demokratie. Wo sind wir hier eigentlich?

Es wird Zeit, dass der Bürger zu seinem verbrieften Recht kommt, der Mitbestimmung bzw. Bestimmung.

Das Maß an Demokratie in anderen Staaten

Unter Demokratie wird in der Bundesrepublik Deutschland nicht das verstanden, was ursprünglich mal der Sinn des Wortes war, nämlich Volksherrschaft, sondern nur gewisse Regeln, die einzuhalten sind, um das Bild einer demokratischen Grundordnung abzugeben.

Gemeint ist damit die Gewaltenteilung in Exekutive, Legislative und Judikative sowie Meinungsfreiheit, Pressefreiheit, Versammlungsfreiheit. Weiterhin ein Wahlrecht, das indirekte Mandate vergibt an sogenannte Volksvertreter bzw. Parteien. So vergibt man beispielsweise in Deutschland eine Stimme an einen von der Partei vorgeschlagenen Kandidaten und eine zweite Stimme direkt an die Partei. In den Ländern wird dies unterschiedlich gehandhabt. Diese Attribute stellen aber in meinen Augen keine wahre Demokratie dar, wie sich aus den unterschiedlichen Wahlsystemen mehr oder weniger ersehen lässt.

Für mich liegt der Unterschied zwischen dieser Definition von Demokratie und einer wahren Demokratie einzig und allein in der Macht der Bürger, über alles direkt mitbestimmen zu können. Dies ist nun mal ein natürliches Recht demokratischen Handelns, wie es der normale Mensch versteht. Es wird in jedem Sportverein praktiziert. Da gibt es eine Tagesordnung, in der alle den Verein berührenden Punkte aufgeführt sind. Jedes Mitglied hat die Möglichkeit, noch Punkte hinzuzufügen, dann wird über die einzelnen Punkte diskutiert und es gibt eine Abstimmung, die auf Wunsch hin auch geheim sein kann, dann wird entschieden. **Dies ist ein Beispiel für direkte Demokratie.**

Anschließend wird ein Vorstand gewählt, der im Laufe seiner Geschäftszeit den Willen der Vereinsmitglieder umsetzt.

Machen wir eine Bestandsaufnahme über das in anderen Staaten bestehende Maß an Demokratie.

Es gibt erst einen Staat in der Welt, in dem es ein bestimmtes Maß an direkter Demokratie gibt, und das ist die Schweiz. In der Schweiz gibt es durch das obligatorische Gesetzesreferendum in einigen Kantonen die Möglichkeit, sämtliche Gesetzesvorlagen vom Volk bestätigen zu lassen. Mit diesem fakultativen Referendum können die Bürger mit einer Sammlung von 50.000 Unterschriften ein beschlossenes Gesetz einer Abstimmung durch das Volk unterziehen. Weiterhin gibt es die Möglichkeit einer Volksinitiative, bei der mit 100.000 Unterschriften eine Verfassungsänderung verlangt werden kann. In einzelnen Kantonen können Ämter, wie Gerichte, Schulbehörden und Bezirksbehörden, direkt vom Volk gewählt werden.

Man kann das System der Schweiz als eine teilweise direkte Demokratie bezeichnen, denn sie ist von der direkten Demokratie noch ein Stück weit entfernt. Sie räumt aber im Gegensatz zu anderen Staaten den Bürgern die meisten demokratischen Mitbestimmungsmöglichkeiten ein.

Im Gegensatz dazu wird der deutsche Bürger zum Wahlvieh gemacht. Man spricht ihm die Kompetenz ab, mitzubestimmen und mitzuentscheiden.

Das nächsthöhere Maß an Demokratie spricht man den Staaten mit parlamentarischer Demokratie zu. Demokratie bedeutet Volksherrschaft. Die parlamentarische Demokratie ist keine wirkliche Demokratie. Es ist eine Bevormundung der Bürger durch Abgeordnete, die in enger Verbindung mit Parteien stehen.

Die parlamentarische Demokratie verdient die Bezeichnung Demokratie nicht. Der Bürger hat in dieser so gut wie keine Möglichkeit, mitzubestimmen. Er kann nur eine Partei wählen. Er kann nicht einmal den von ihm bevorzugten Abgeordneten wählen, denn die Abgeordneten, die er zu wählen hat, werden von der Partei bestimmt. Dieser Kandidat ist zwar nach dem Gesetz nur seinem Gewissen gegenüber verantwortlich, aber in der Praxis und Realität ist er der Partei und der Fraktionsdisziplin unterworfen. Was dieser Abgeordnete dann vertritt, ist keine Volksmeinung, sondern das, was eine dominierende Gruppe in der Partei über Parteiprogramme und Einflussnahmen von Lobbyisten festlegt. Es soll auch vorkommen, dass nur einer in Partei und Regierung etwas zu sagen hat, das ist dann der Fall, wenn einer die Leute in seinem Umfeld, die mal aufgemuckt haben, anderer Meinung waren oder gar mit ihm konkurrieren wollten, eliminiert hat. Die lobt man dann weg und sorgt dafür, dass sie einen interessanten und lukrativen Posten bekommen, oder man schickt sie in die Wüste. Ich denke dabei an Frau Merkel und ihren Lehrherrn Herrn Kohl. Üblicherweise bleiben dann die Jasager übrig. Es gibt auch Ausnahmen – ich denke da an Herrn Gauweiler –, die dann ihre Konsequenzen ziehen.

Der Bürger selbst hat keinen direkten Einfluss auf Beschlüsse, die ihn und sein Umfeld betreffen, auf Gesetze, Verordnungen etc. Er ist so weit entmündigt, dass er nicht einmal ein Mitspracherecht bei der deutschen Wiedervereinigung hatte, nicht beim Beitritt in die EU, nicht bei der Aufgabe der D-Mark und der Einführung des Euro, nicht bei der Zusage der Bundesregierung, eine Haftung für andere europäische Staaten in Höhe von 800 Milliarden Euro zu übernehmen, nicht bei der Sanierung der Banken mit zwei- oder gar dreistelligen Milliardenbeträgen, auch nicht bei der laut Grundgesetz durch das Volk abzusegnenden neuen Verfassung. Er ist das Schaf in der großen Schafherde und die Parteien sind die Schafhirten. Obwohl der Schafshirt oftmals ein nicht allzu schlauer Kopf ist, bestimmt er. Und wenn die Schafe nicht hören, dann gibt es ja noch die Schäferhunde. Dieser Vergleich mag deprimierend sein, aber, Leute, das ist die Realität. Für die einzige vorhandene Möglichkeit zur Mitbestimmung, den Volksentscheid, hat man bei uns hohe Hürden aufgebaut. Es erfordert ein hohes Maß an Einsatz, an Überzeugungskraft und finanziellen Mitteln, einen solchen Volksentscheid auf den Weg zu bringen. Und dennoch haben einige Volksentscheide zum Erfolg geführt.

Wir haben in der Welt viele unterschiedliche Formen von Herrschaftsformen, die sich Demokratie nennen, dies aber letztlich im Sinne des Wortes und seiner Deutung nicht sind.

Sie verfügen im Allgemeinen über die Dreiteilung der Gewalten. Die verschiedenen Wahlformen stellen nur den Willen der Parteien, nicht aber den Willen des Bürgers dar. So gibt es zum Beispiel Beschränkungen dafür, mit wie viel Prozent Stimmenanteil eine Partei in das Parlament kommt, es gibt das

Mehrheitswahlrecht, das letztlich bei der Parteienwahl nicht einmal den Bürgerwillen umsetzt. Es kann dann passieren, dass 50% der Bevölkerung ihre Stimme für eine Partei abgeben, sie aber letztlich nur mit 40% im Parlament vertreten sind. Es gibt Manipulationen bei der Einteilung der Wahlkreise.

Wenn man sich die Wahlergebnisse in den USA ansieht, bei denen nur zwei Parteien im Kongress vertreten sind und sich nur mal zufällig eine andere hin verirrt, wenn man sieht, wie viel Geld dort für Wahlen rausgeschmissen wird, dass die Wahl eine Frage des Geldes wird, dann muss man sich über die in diesem Land herrschenden Zustände nicht wundern. Die sind für mich ganz weit weg von dem, was ich mir unter Demokratie vorstelle. Da braucht man sich nicht darüber zu wundern, dass Menschen dort teilweise jahrelang eingesperrt werden, ohne vor ein Gericht zu kommen, dass sie versuchen, die ganze Welt zu bespitzeln und abzuhören, dass sie Kriege zur Erlangung von materiellen Vorteilen führen. Und auch dieses Land rühmt sich, eine Demokratie zu haben.

Nachdem man gesehen hat, mit welcher Gleichgültigkeit das Ausspionieren der Deutschen durch die Amerikaner von unserer Regierung (vertreten durch Merkel) hingenommen und akzeptiert wurde, muss man sagen, wir werden von unserer Regierung in keiner Weise gegen solche Machenschaften geschützt.

Gäbe es in Amerika eine direkte Demokratie, es hätte keinen Krieg der USA gegen Vietnam gegeben. Es hätte keinen Krieg im Irak, in Libyen mit fadenscheinig verlogener Begründung gegeben. Es hätte auch keinen Krieg in Afghanistan gegeben.

Es gäbe nicht den riesigen Unterschied zwischen Arm und Reich und nicht die mangelnde soziale Absicherung armer Leute. Es gäbe keine Gefängnisse, in denen Leute sitzen, ohne vor Gericht gewesen zu sein. Nein das gäbe es alles nicht, wenn der Bürger in Amerika direkt mitbestimmen könnte. Bei dem jetzigen Parteienstaat gibt es keine Verwirklichung des Bürgerwillens.

Dieses Land braucht dringend die direkte Demokratie, aber gerade dort wird es sehr schwierig sein, sie durchzusetzen. Die jetzige Hierarchie und Administration der USA, die vom Kapital und der Industrie und vor allen Dingen von der Waffen- und Ölindustrie abhängig ist wie in keinem anderen Land, wo die Geheimdienste eine so entscheidende Rolle spielen, wird natürlich eine direkte Beteiligung der Bürger mit aller Macht zu verhindern suchen.

Hat die direkte Demokratie erst einmal in einem Land Fuß gefasst (ich denke dabei an Deutschland), wird sie sich schnell in der ganzen Welt ausbreiten. Dann werden nicht mehr Politiker, sondern Menschen entscheiden. Dann basieren politische Entscheidungen auf den Entscheidungen von allen Menschen.

Die Bürger sind enorm mächtig

Sie haben es in Griechenland geschafft, eine Regierung zu wählen, die sich in erster Linie um das Wohl der Bürger kümmert.

Sie haben die korrupte Regierung weggefegt.

Auch die Entscheidung über den Brexit hat gezeigt, dass der Bürger, wenn er will, die Geschicke des Landes bestimmen kann. Natürlich ist im Wahlkampf für oder gegen das Referendum gelogen und übertrieben worden. Aber das machen Politiker doch jeden Tag. Unabhängig davon, ob die Entscheidung für Großbritannien auf längere Sicht gesehen für das Land positiv zu sehen ist oder nicht, die Bürger dort haben entscheiden können. Im Gegensatz zu uns, wo bisher der Bürger keine Möglichkeit hat, direkt mitzuentscheiden.

In Deutschland hört man immer wieder: „Ich gehe nicht wählen, ich kann ja doch nichts ändern." Griechenland hat gezeigt, dass der Bürger die Macht hat, eine Regierung, die versagt hat, abzulösen. Auch bei uns ist es möglich, Veränderungen herbeizuführen, die die Bürger bestimmen.

Auch wir Bürger in Deutschland sind enorm mächtig, wir sind so mächtig, dass wir die direkte Mitbestimmung der Bürger durchsetzen können, durch die direkte Demokratie.

Auch wir können direkten Einfluss auf alle Entscheidungen in Deutschland nehmen.

Wir stellen in anderen Ländern, wo die Verschuldung und die Arbeitslosigkeit ein enormes Maß angenommen haben, fest, dass es ein Wegbewegen von den etablierten Parteien gibt, dass radikale Parteien, wie in Frankreich der Front National, Zulauf bekommen. Nehmen wir dagegen die Schweiz mit der Möglichkeit, dass die Bevölkerung durch Volksentscheide selbst mitbestimmt, eine Regierungsform, dies kommt der direkten Demokratie schon sehr nahe, dort ist der Anteil radikaler Gruppen verschwindend gering. Das alles spricht dafür, dass bei einer direkten Demokratie die radikalen Gruppen nicht mehr so viel Zulauf hätten.

Was ist direkte Demokratie? Wie geht direkte Demokratie?

Fangen wir damit an, wie direkte Demokratie geht. Zunächst wird eine Partei gegründet, deren Ziel es ist, direkte Demokratie zu praktizieren. Die Partei heißt entsprechend ihrer Zielsetzung:

„Direkte Demokratie für Bürger".

In dieser Partei haben die Bürger die Möglichkeit, ihre Kandidaten für die Wahlen direkt zu wählen. Kandidaten können sich über ein Profil bewerben. Vor den Wahlen findet eine parteiinterne Ausscheidung statt, bei der die Bürger ihre Kandidaten für einen Abgeordnetensitz in ihrem Wahlkreis mehrheitlich wählen können. Der Bewerber verpflichtet sich, während seiner Amtszeit bei Gesetzesvorlagen entsprechend dem Votum seiner Wähler abzustimmen. Der Abgeordnete der Partei ist der Interessenvertreter seiner Wähler. Interessenvertretung der Bürger heißt, dass die Bürger sich zu allen Gesetzentwürfen äußern, Veränderungen vorschlagen und so Gesetzesvorhaben mitgestalten können. Über die Gesetzesvorlagen stimmen die Bürger mehrheitlich ab.
Die Möglichkeit zur Mitwirkung und Gestaltung der Gesetze erhalten die Bürger über das Programm „Liquid Feedback", das sowohl Mitarbeit als auch Änderungsvorschläge möglich macht. Es ist so ausgelegt, dass letztlich der von den meisten Bürgern favorisierte Vorschlag von dem Abgeordneten vertreten wird und er entsprechend abstimmt.
Das Programm Liquid Feedback ist über ein Link auf der Webseite der Partei „Direkte Demokratie online" verfügbar.
Es gilt: Demokratie = Herrschaft des Volkes, daher ist der Wille der Mehrheit des Volkes umzusetzen. Er wird auf diese Weise umgesetzt.
In Artikel 38 des Grundgesetz wird der Abgeordnete als Vertreter des ganzen Volkes bezeichnet, der an Aufträge und Weisungen nicht gebunden und nur seinem Gewissen unterworfen ist. Was ist in der Realität davon heute noch gegeben? Dazu brauchen Sie sich nur einmal eine Abstimmung im Bundestag ansehen. Sie können davon ausgehen, dass fast alle

Abgeordnete der Regierung bei Gesetzesvorlagen einheitlich mit ja oder nein abstimmen und die Abgeordneten der Opposition gegenteilig votieren.

Das hat mit Vertretung des ganzen Volkes nicht das Geringste zu tun. Wenn man dieses Verhalten beim Namen nennt, so heißt das Fraktionszwang, wenn man es auch verlogen als Fraktionsloyalität darstellt. Gibt es Abweichler, so werden sie unter Druck gesetzt. Das hat mit Gewissensentscheidung oder auch einer Vertretung des ganzen Volkes beim besten Willen aber auch gar nichts zu tun.

So wird über Gesetze nicht nach dem Willen des ganzen Volkes, sondern unter Beeinflussung von Banken, Großkapital, Verbänden und Lobbyisten zahlreicher Interessenten abgestimmt. Das Volk ist zum Stimmvieh degradiert.

Bei der Abfassung des Grundgesetzes im Jahre 1949 hat man nach einer Möglichkeit zur Umsetzung des Volkswillens gesucht und als besten Weg den über Abgeordnete und Parteien gesehen. In der heutigen Zeit bedeutet das, dass die Grundidee, die Umsetzung des Willens des Volkes, nicht mehr gegeben ist.

Diese Möglichkeit der Umsetzung des Volkswillens ist aber heute mit Hilfe des Internets in Form der direkten Demokratie möglich.

Dass das nicht im Sinne der etablierten Parteien ist, ist durchaus verständlich. Die bisherige Machtausübung und Alleinherrschaft von Parteien ist damit in Frage gestellt, sie würde abgelöst werden durch die Bestimmung und Herrschaft des Volkes, der Bürger. Um jeden weiteren Einfluss der Bürger abzuwehren, werden negative Argumente gesucht, die alle an den Haaren herbeigezogen sind. So unterstellt man dem Großteil der Bevölkerung, nicht in der Lage zu sein, komplizierte Entscheidungen zu treffen.

In diesem Buch gibt es genug Beispiele, anhand derer man sehen kann, dass unsere sogenannten Volksvertreter nicht in der Lage sind, solche Entscheidungen zu treffen. In der Schweiz erfahren die Bürger seit vielen Jahren ein großes Maß an direkter Demokratie und Mitbestimmung. Von einer Fehleinschätzung der Bürger ist bisher nichts bekannt geworden. Ein Beispiel dafür, dass direkte Demokratie funktioniert.

Was verändert sich durch direkte Demokratie?

Fangen wir in Deutschland an. In Deutschland regeln alles die Parteien. Der Bürger hat einmal alle paar Jahre die Möglichkeit, in der Gemeinde, im Land und im Bund eine Partei und einen Kandidaten, den ihm die Partei vorschreibt, zu wählen. Schluss, Ende, aus. Eine Mitbestimmung, wie bei einer direkten Demokratie vorgesehen, hat er nicht, es sei denn, er engagiert sich in einer Partei. Die sinkenden Mitgliederzahlen der Parteien zeigen aber, dass das Interesse daran immer weniger wird. Das mag daran liegen, dass auch die Möglichkeiten der Einflussnahme immer geringer werden. Es gibt auch in den Parteien eher die Richtung, dass eine kleine Gruppe bestimmt. Die kleinste Gruppe ist zum Beispiel Frau Merkel.

Wenn nun aber Studien und Umfragen aufzeigen, dass die Menschen mitbestimmen wollen (laut *hart aber fair* 87%), so eine Bertelsmann-Studie, dann liegt das fehlende Interesse daran, dass man selbst nichts bewirken kann, dass man selbst nicht mitbestimmen kann. Volksbegehren haben gezeigt, dass die Bürger mitentscheiden wollen und das Ergebnis eines Volksentscheids fast immer ein anderes ist als das, was die Politiker wollen. Der Bürger erfährt meist nur bröckchenweise etwas und ihn ärgert die Machtlosigkeit, etwas selbst nicht mitbestimmen zu können. Viele sind allerdings inzwischen in einer „L.m.a.A.-Stimmung" und sagen sich, ich kann eh nichts bestimmen, ich kann nichts ändern, ich geh nicht wählen.

Deshalb ist es zunächst einmal notwendig, alles transparent zu machen und dem Bürger die Gelegenheit zu geben, seine Meinung durch eine Abstimmung darzutun. Diese Gelegenheit erhält er durch die Beteiligung an der Gesetzgebung mittels Liquid Feedback. Das weckt mit Sicherheit zunächst mal sein Interesse. Wenn es dann noch die Möglichkeit gibt, dass der Bürger eigene Veränderungen bzw. Verbesserungen vornehmen kann, wird zunächst sicherlich sein Interesse an einer positiven konstruktiven Mitarbeit gestärkt und die Entscheidungen der Politiker werden auf den Prüfstand gestellt. Die Öffentlichkeit und die Politiker könnten auch davon profitieren, dass Themen auf den Tisch kommen, die großen Teilen der Bevölkerung auf dem Herzen liegen, von den Politikern aber nicht angepackt werden.

Nun muss man sich allerdings fragen, inwieweit Politiker überhaupt Interesse an mehr Transparenz haben. Denn Aufklärung und Transparenz bei politischen Zusammenhängen und Endscheidungen sind den Politikern nicht unbedingt recht, im Gegenteil, Transparenz führt dazu, dass viele Fehler, Kungeleien und Korruption an die Öffentlichkeit kommen. Jeder Bürger hätte plötzlich die Möglichkeit, sein Wissen über Hintergründe ins Netz zu stellen und diese damit öffentlich zu machen.

Das würde der ganzen Sache einen besonderen Reiz und Antrieb geben. Die positiven Aspekte wären, dass es durch die Transparenz mehr Kontrolle gäbe. Mit Sicherheit würde es dann keinen Aussichtsturm auf der grünen Wiese geben, wie bei Köln. Es würden Fehlbesetzungen und Fehler bei Gemeinden, Land und Bund aufgedeckt werden. Dies würde natürlich zu gewaltigen Einsparungen führen. Lobbyisten würden nur noch schwerlich für ihr Klientel Geschenke herausholen können (als Negativbeispiel sei noch mal die Mehrwertsteuersenkung im Hotelgewerbe genannt).

Wir sehen und hören immer nur sporadisch von extremen Fällen. Das ist aber nur ein kleiner Teil der Korruption, der Fehlkalkulationen, den Vergaben ohne Ausschreibungen, sinnlosen Anschaffungen, Vetternwirtschaft, Fehlbesetzungen und, und, und. Wenn der Bürger direkt mitbestimmen könnte, gäbe es Transparenz und viele Dinge würden auf den Tisch kommen, die anders entschieden würden als jetzt.

Ich möchte nur einige Dinge anführen, wie Strompreise für den Normalbürger, Rentenerwartungen, unterschiedliche Schulpolitik in den Ländern, Besetzung mit Fachleuten statt mit Politikern in öffentlichen Betrieben und Wirtschaftsunternehmen, die diese Posten heute, trotz fehlender Kompetenz, allein wegen ihrer Parteizugehörigkeit bekommen, auch Verwaltungsposten in Gemeinden, Land und Bund und in der EU wären betroffen.

Transparenz in all diesen Fällen, die bei direkter Demokratie durch die Mitbestimmung der Bürger unweigerlich zutage treten würde, wäre so interessant und spannend, dass sich viel mehr Bürger wieder für Politik interessieren würden. Die Wahlbeteiligung würde in die Höhe gehen, weil viele, die zurzeit nicht zur Wahl gehen, mit Recht der Ansicht sind, dass sie mit ihrer Wahl nichts bewirken oder bestimmen können. Auch Wechselwähler würden einer Partei zuneigen, die die direkte Demokratie praktiziert.

Ich stelle zunächst einmal die Frage: Wie geht die Entwicklung weiter, wenn wir jetzt nicht den Kampf für eine direkte Demokratie aufnehmen? Irgendwann ist der Zug dafür abgefahren. Dann gibt es eine Gesellschaft, in der das einzelne Individuum, der Bürger, von einer Macht aus Kapital und Politikern immer mehr überwacht, beherrscht und unterdrückt wird.

Fragen wir uns einmal, was sich alles ändern würde, gäbe es eine direkte Demokratie. Es ist die einzige Form des menschlichen Zusammenlebens, bei der das geschieht, was der Bürger will, und das unterbleibt, was der Bürger nicht will. Ich stelle mal ein paar solche Dinge zusammen.

Prüfen Sie es an sich selbst und denken Sie darüber nach, was die anderen wollen.

Wollen Sie Krieg oder wollen Bürger anderer Länder Krieg?
Es sind die Lobbys der Waffenindustrie in Form von Regierungen, die das in Gang setzen.

Wollen Sie, dass täglich tausende Menschen verhungern?
Fällt den Regierungen bisher etwas dazu ein? Wie wäre es mit einer Abgabe beim Öl.

Wollen Sie, dass andere Menschen unterdrückt werden?
Wo sind die Bestrebungen, dass in den totalitären Staaten die Herrschenden das Volk nicht ausnutzen? Unsere Regierung lässt Waffen an Länder liefern, mit denen das Volk unterdrückt wird.

Wollen Sie, dass es in vielen Ländern ein paar Reiche und unendlich viele Arme gibt?

Geld regiert die Welt. Wo bleibt die gerechte Verteilung?

Wollen Sie, dass Sie bis in Ihre Wohnung hinein überwacht, ausspioniert und abgehört werden?
Wo sind die Proteste der Regierung dagegen? Wenn Sie das alles nicht wollen, sorgen Sie mit dafür, dass es direkte Demokratie gibt.

Es ist eine Vision, dass es mal weltweit direkte Demokratie geben könnte. Sie wird nur verwirklicht werden, wenn einer damit anfängt.
Aber wer hätte vor dreißig Jahren daran geglaubt, dass aus kommunistisch beherrschten Staaten plötzlich demokratische werden?
Also fangen wir an. Bei uns lässt es sich am leichtesten erreichen.
Ich bin der Überzeugung, dass die direkte Demokratie, sobald sie Fuß gefasst hat, nicht mehr aufzuhalten ist. Bis sie sich in totalitären Staaten, in Staaten mit großen Unterschieden zwischen Arm und Reich, in durch Glauben stark beeinflussten Ländern durchgesetzt hat, wird es noch sehr lange dauern, aber irgendwann wird sie auch dort Fuß fassen. Wie schon oben erwähnt, kann man am Beispiel der Ostblockstaaten sehen, wie plötzlich aus totalitären Regimen demokratisch ausgerichtete Staaten wurden, en bloc.
Direkte Demokratie macht aus den Menschen Gleichberechtigte. Sie können ihre Interessen selbst vertreten. Sobald die Menschen merken, was man alles durch direkte Demokratie beeinflussen kann, werden sie darum kämpfen, diese Art von Gleichberechtigung überall durchzusetzen. Am leichtesten wird dies auf regionaler Ebene möglich sein, denn dort sind die Probleme für den Bürger am ehesten sichtbar. Gibt es erste Erfolge bei der Mitbestimmung der Bürger, wird dies eine Lawine auslösen und alle Institutionen erfassen. Es wird auch die etablierten Parteien überrollen und mit einbeziehen.
Obwohl direkte Demokratie sicher in Ländern mit großen Problemen, wie Griechenland, Zypern, Portugal, Spanien und Frankreich, leichter einzuführen und durchzusetzen sein wird,

bedarf es eines Steins, der ins Rollen gebracht werden muss. Es bedarf einer praktikablen, durchsetzbaren Lösung, wie die Bürger an allen Dingen beteiligt werden können. Die etablierten Parteien haben sicher zunächst keinerlei Interesse daran, dass die Bürger ihnen die Entscheidungen abnehmen. Es sind bisher auch genügend Hürden aufgebaut worden, um die Bürger nicht direkt an Entscheidungen zu beteiligen, und trotzdem haben sich einige Bürgerbegehren gegen den Willen der Politiker durchgesetzt. Die langjährige Übung, den Bürger von direkten Entscheidungen und Mitbestimmung fernzuhalten, hat sicher ihre Wirkung und macht sicher eine Hinwendung zur direkten Demokratie schwierig.

Erfolge mit der direkten Demokratie werden diese nach vorne bringen. Dabei ist es wichtig, dass die Leute, die sie einführen und verfechten, wirkliche Idealisten sind und nicht Berufspolitiker, die ihren Profit in und an der Politik vor Augen haben. Es wird sehr schwierig werden, im öffentlich-rechtlichen Bereich eine Diskussion über die direkte Demokratie anzustoßen, da der Einfluss der Politiker auf diese Medien riesig ist. Man wird sich dazu den Medien Internet, Twitter und Facebook zuwenden müssen. Es ist wichtig, dass sich Persönlichkeiten hinter diese Sache stellen, um sie zum Erfolg zu bringen. Menschen, deren Ziel nicht allein der persönliche Profit ist, sondern denen das Wohl der Allgemeinheit, der Menschen am Herzen liegt.

Es gibt von solchen Menschen, die nicht in erster Linie nur sich selbst sehen, sondern die sich für die Benachteiligten einsetzen, sicher genug in Deutschland. Stellvertretend möchte ich da die Familie Deichmann nennen, eine Unternehmerfamilie, die erfolgreich im Markt tätig ist, aber darüber nicht die Armen und Kranken vergessen hat und diese vorbildlich unterstützt durch ihre Hilfe für Leprakranke und die Armen in Deutschland, Europa und Indien usw.

Die Menschen in Europa, die in den nächsten Jahren mit riesigen Problemen zu kämpfen haben werden, wie Verschuldung, Arbeitslosigkeit und Integration, werden gut ansprechbar sein auf das Thema direkte Demokratie, denn sie werden die Entscheidungen in die eigene Hand nehmen wollen, weil die

Politiker nicht in der Lage sind, die richtigen zu treffen. Die Politiker haben in den letzten Jahren versucht, ein Gebilde Europa zusammenzuflicken, ohne ihr Hirn einzusetzen, sofern dies möglich war. Herausgekommen sind Probleme über Probleme. Man kann es nur als Flickschusterei bezeichnen: die Aufnahme von Griechenland in die Währungsunion, die expansive Ausdehnung der EU nach Osten um jeden Preis, mit der Aufnahme von Ländern mit einer erheblich schwächeren Wirtschaft, mit ungelösten Zuzugsmöglichkeiten, ungelösten arbeitsrechtlichen Umstrukturierungen, bei Eintritt in den Euro mit fehlenden Möglichkeiten, über Wechselkurse die Wirtschaft dem Markt anzupassen. Es gibt weder eine Vision, wie ein solches Europa einmal aussehen soll, noch gibt es einen Plan, wie dies durchgeführt werden soll. Ich habe zumindest noch von keinem gehört. Es ist, als ob sich einer in ein Auto setzt und losfährt, ohne sein Ziel zu kennen.

Ein Meer von Beamten wird eingesetzt, ohne genaue Ausrichtung, die uns einen Haufen milliardenschweren Mist vor die Tür legen, wie zum Beispiel SEPA. Hätte man die Milliarden, die für diesen Unsinn ausgegeben wurden, den hungernden Menschen gegeben, hätten wir keine mehr. Und das war erst der Anfang. Seit der Idee und der Einführung von SEPA werden Milliarden verpulvert. Man quält die Leute mit langen Zahlenreihen, die zu unendlich vielen Fehlern führen, eine Unmenge an Zeit verschlingen. Und dies für 1% Auslandsüberweisungen, für die es vorher schon ein intaktes System gab. Wenn man ein gemeinsames Europa will, dann muss man es anders anfassen, als die Politiker es bisher getan haben. Wie kann man von vornherein unterschiedliche Bedingungen für einige Länder schaffen und zulassen. Die einen müssen in den Euro, die anderen müssen nicht in den Euro. Die einen entscheiden über den Beitritt mit Volksabstimmungen, die anderen dürfen nicht, weil sie sehr wahrscheinlich nicht wollen würden. Es werden Verschuldungskriterien vorgeschrieben, die von vornherein nicht eingehalten werden oder eingehalten werden können. Es werden Haftungen für andere Länder zunächst ausgeschlossen, dann wird die Haftung für andere Länder durch Vertragsänderung eingeführt.

Es gibt keine Vision, keine Linie, alles Flickschusterei!
Leute, die einen solchen Mist in einem Unternehmen veranstalten würden, bekämen gleich die Papiere. Aber Leute wie Frau Merkel sind hoch angesehen in Europa, weil sie unsere Milliarden verteilt, und nur deshalb.

Wichtige Themen, wie eine einheitliche Energiewirtschaft, eine einheitliche Armee, Unterbindung von grenzüberschreitenden Verschiebungen von Gewinnen, Kontrolle der Mineralölunternehmen, die uns täglich verarschen, kommen nicht auf den Tisch. Da gehen dann die einzelnen Länder hin und bieten Unternehmen aus dem Nachbarstaat niedrige Steuern, enorm niedrige Steuern, sie bescheißen damit nicht nur ihren Vertragspartner, sondern auch zum Beispiel den deutschen Steuerzahler. Und in wessen Amtszeit als Wirtschaftsminister das passiert, der wird auch noch zum Präsidenten der Europäischen Kommission gekürt (Juncker). Ein Hohn, und die Politiker anderer europäischer Länder nehmen das grußlos hin. Den unliebsamen Whistleblowern, drei Männer aus Luxemburg, die aufgedeckt hatten, dass für 340 luxemburgische Unternehmen aus dem Ausland verlagerte Gewinne nur mit 1% versteuert wurden, drohen Klagen und drastische Strafen. Das ist Solidarität und Transparenz in der EU. Auch zahlreiche deutsche Firmen und Banken sind daran beteiligt und haben so den deutschen Steuerzahler beschissen. Aber da wird kein großes Aufheben von gemacht.

Und was ist mit der Solidarität in Bezug auf die Flüchtlingsaufnahme? Was ist mit gemeinschaftlichem Vorgehen in Hinsicht auf Datenschutz? Hier könnte man den europäischen Gedanken einmal zeigen. Aber jeder kocht sein eigenes Süppchen. **Das ist die Vision von Europa.**

Mein Wunsch und meine Vision

Irgendwann wird es die direkte Demokratie auf der ganzen Welt geben. Dann werden nicht mehr Politiker, sondern Menschen entscheiden. Dann basieren politische Entscheidungen auf den direkten Entscheidungen der Menschen. Dann wird es keine Menschen mehr geben, die hungern müssen. Stellen Sie sich vor, es gäbe keine Scheichs und Öloligarchen, dann bräuchte es keine armen Menschen mehr geben. Dann würden nicht tausende von Menschen täglich verhungern. Schon eine Abgabe von 50 Cent pro Barrel Öl würde das verhindern. Hätten wir überall die direkte Demokratie, ginge es allen Menschen gut.
Wie lässt sich nun eine direkte Demokratie weltweit verwirklichen? Man muss die Menschen davon überzeugen, dass die direkte Demokratie dem Bürger die Macht gibt, alles mitzuentscheiden. Man muss praktikable Lösungen entwickeln und sie dem Bürger an die Hand geben. Dazu muss in jedem Land eine Internetplattform geschaffen werden, über die der Bürger sich zunächst prophylaktisch an allen anstehenden Entscheidungen beteiligen kann. Da man davon ausgehen kann, dass eine solche Möglichkeit von den Parteien nicht erwünscht ist, muss man selbst dafür sorgen, dass alle anstehenden wichtigen Entscheidungen zur Abstimmung ins Netz gestellt werden. Auch wenn diese Abstimmungen in keiner Weise bindend für die Politiker sind, werden sie kaum den Willen der Bürger ignorieren können. Damit stellt der Bürger fest, dass er über ein Votum politische Entscheidungen mitbestimmen kann. Um den Bürger die direkte Demokratie praktizieren zu lassen, muss eine Organisation ins Leben gerufen werden, bei der der Bürger über Abstimmungen in einer gemeinsamen Interessengruppe mitbestimmen kann. Die direkte Demokratie wird erst vollendet praktiziert werden können, wenn der in Abstimmungen erklärte Bürgerwille in der Politik umgesetzt werden kann.
Da kann im Allgemeinen nur über Ratsherren oder Abgeordnete geschehen, die sich dazu verpflichten, die Mehrheits-

entscheidungen der Bürger zu vertreten und ein entsprechendes Votum abzugeben, sollte ein zu wählender Abgeordneter sich verpflichten, dass er die Mehrheitsentscheidung seiner Wähler respektiert und realisiert. Er muss sich allerdings die Möglichkeit der Gewissensentscheidung für besondere Fälle vorbehalten.

In dieser Form wäre eine direkte Demokratie umsetzbar.

Auswirkungen der direkten Demokratie
auf Rechts- oder Linksradikale

Je größer Missstände in einem Land sind, umso stärker finden rechts- oder linksextreme Gruppen Zulauf und Sympathisanten. Da es in Deutschland vermeintlich nicht so gravierende Missstände gibt, hält sich deren Anteil in Grenzen. Es mag einen Kern geben, der radikales Gedankengut hegt.

Unbelehrbare Menschen, die noch immer Hitler als Heilsbringer sehen, oder Menschen, die den Kommunismus oder Sozialismus immer noch als die beste Gesellschaftsform ansehen, aber nicht begreifen, dass der Kommunismus durchaus eine zu vertretende Gesellschaftsform, aber nicht realisierbar ist – diese Gruppen ziehen Menschen in ihren Dunstkreis, die aus vielerlei berechtigten Gründen mit irgendwelchen Dingen unzufrieden sind. Beispielsweise die Amerikaner, als Kriegstreiber, um sich materielle Vorteile zu verschaffen. Wer denkt dabei nicht an den Irak oder Libyen mit ihren Ölvorkommen, wer denkt nicht an den brutalen Einsatz, bei denen unschuldige Zivilisten niedergeschossen wurden? Wer denkt nicht an den Vietnamkrieg, den Einsatz von Giftgas, den Einsatz in Afghanistan? Wer denkt nicht an Guantanamo, wo Menschen jahrelang ohne Prozess einsitzen? Wer denkt nicht an die Überwachung und das Ausspionieren der Amerikaner in der ganzen Welt, bis ins Wohnzimmer von Privatpersonen hinein?

Man kann es nicht oft genug wiederholen: Es ist nicht das Volk der Amerikaner, es ist die Administration, die total unter dem Einfluss der amerikanischen Waffenindustrie steht.

Natürlich sind das Gründe dafür, dass sich Menschen radikalen Gruppen zuwenden, die das zu Recht anprangern. Wenn solche Dinge von unseren Regierungen grußlos hingenommen werden und das Mäntelchen des Schweigens und Ignorierens darübergehängt wird, muss man sich über den Zulauf zu radikalen Gruppen nicht wundern. Bei den Ungerechtigkeiten in der Welt zwischen Arm und Reich, zwischen Prassen und Übermaß sowie Hungern auf der anderen Seite, muss man sich nicht wundern, wenn Menschen sich radikalen Gruppen zuwenden. Je größer die Probleme in einem Land sind, umso mehr schließen sich die Menschen diesen Gruppen an. Nehmen wir Griechenland, wo die Banken entlastet und die Menschen durch die EU geknechtet wurden. Dass diese Menschen sich radikalen Gruppen zuwenden und diese sogar an die Regierung kommen, ist völlig normal. Da kann unsere Presse noch so viel Gift verspritzen; Schuld an der ganzen Misere in Griechenland haben die Geier, die korrupten Politiker des Landes, die mit den Kapitalisten, den Reichen des Landes ins Bett gegangen sind. Schuld waren die anderen europäischen Regierungen und deren Politiker, angeführt von Deutschland und Frankreich, die Griechenland noch in einer schwierigen Situation für Milliarden Euro Waffen verkauft haben, die Banken und Hedgefonds das Geld in den Arsch geschoben haben – und weiter schieben (EZB) – und sich nicht um die Menschen gekümmert haben. Banken machen mit der Situation in Griechenland weiterhin Milliardengeschäfte. Um die Bevölkerung kümmert man sich einen Dreck. Aber Griechenland hat der Welt und auch uns Deutschen etwas gezeigt. Das Volk hat die korrupte Regierung verjagt. Es geht doch!

Aus parlamentarischer Demokratie
wurde eine Klassengesellschaft

Machen wir Schluss damit! Nehmen wir den Kampf auf, damit aus der bestehenden Klientelpolitik eine Politik für das ganze Volk wird. Damit aus der korrupten parlamentarischen Demokratie eine wahre Demokratie wird, eine **direkte Demokratie**, die dem ganzen Volk dient und nicht wie die jetzige nur bestimmte Gruppen bevorteilt.
Unsere demokratische Grundordnung gibt dem Volk die Chance, selbst zu bestimmen. Man muss diese Chance nur nutzen. Die bisherige parlamentarische Demokratie hat bewiesen, dass sie nicht die Interessen des ganzen Volkes vertritt, sondern reine Klientelpolitik betreibt.
Verantwortungsbewusste Menschen sind aufgerufen, mit an einer wahren direkten Demokratie zu arbeiten und für deren Verwirklichung zu sorgen.
Eine direkte Demokratie wird dafür sorgen, dass alle Menschen im Land gleich behandelt werden und nicht nur bestimmte Gruppen profitieren.
Die negativen Auswirkungen der bisherigen Politik haben gezeigt, dass es keine Politik für das ganze Volk ist, die da gemacht wurde. Nur eine direkte Demokratie wird eine Demokratie für das ganze Volk sein.
Natürlich wird es schwer sein, eine direkte Demokratie zu realisieren, denn in unserem Land meinungsbildend sind die Medien, die Zeitung und Rundfunk – und das wiederum sind die politischen Parteien, die Großunternehmen, die Banken, das Kapital und die Lobbyisten, sie alle werden sich mit Händen und Füßen gegen eine solche Veränderung aufbäumen.
Sie werden mit allen ihnen zur Verfügung stehenden Mitteln zu verhindern suchen, dass sich durch die Einführung einer direkten Demokratie die Gesellschaftsverhältnisse ändern, denn sie alle profitieren von der jetzigen Gesellschaftsform, die nur einer bestimmten Klientel dient.
Es bedarf mutiger Menschen, die die Gesellschaft in eine Form bringen, in der das ganze Volk sich selbst vertreten kann und

die die Ungerechtigkeiten in der bestehenden Gesellschaft in Gerechtigkeit für die ganze Bevölkerung umwandelt. Diese Veränderung ist langfristig zwingend notwendig, denn die jetzigen ungerechten Zustände und Entwicklungen führen irgendwann zwangsläufig zu Aufständen und Revolutionen.

Eine direkte Demokratie befriedet alle Menschen, nicht nur bei uns in Deutschland, sondern überall auf der Welt. Die ungerechte Verteilung, die immer weiter auseinander klaffende Schere zwischen Arm und Reich, ist in unserem Land nicht direkt spürbar. Die Schulden, die der Staat mit seinen Politikern bei uns gemacht hat, sind noch nicht direkt bemerkbar. Aber auch unser Staat hat uns so verschuldet, dass unsere Renten, aber erst recht die unserer Kinder nicht mehr gesichert sind. Er hat eine Verschuldung auf uns geladen, die mit den normalen Einnahmen in den nächsten hundert Jahren nicht zurückgezahlt werden kann, wenn der Staat nicht alle zur Kasse bittet für den Mist, den er, beziehungsweise die Politiker, verbockt hat.

Wenn ich gesagt habe, dass es bei uns noch nicht für den Bürger so spürbar sei, so sind die Verhältnisse in vielen anderen Ländern erheblich schwieriger. Das Maß der Demokratie ist in fast allen anderen Ländern viel geringer, die Schere zwischen Arm und Reich klafft dort noch viel weiter auseinander als bei uns. Wir müssen die direkte Demokratie als fortschrittliches Land zunächst vorexerzieren und dann in die ganze Welt bringen.

In einer Welt mit direkter Demokratie wird überall Frieden herrschen. Leider ist es in der Welt so, dass sich die Reichen, das Kapital, die Diktatoren und Klientelregierungen Machtwerkzeuge schaffen, um an der Macht zu bleiben. Das sind in totalitären Staaten das Militär, in sozialistischen Staaten die Einheitsparteien, in parlamentarischen „Demokratien" die Parteien in Konkludenz mit Kapital, Banken, Großunternehmen und Medien. In einigen Staaten spielen die Vertreter der Religionen noch eine dominante Rolle. Wer nur ein wenig soziale Einstellung hat, kann das alles nicht gutheißen.

Fangen wir mal bei einem Land an, das im Augenblick im Blickpunkt steht: Griechenland. Der Bevölkerung geht es beschissen, einige Reeder haben Milliarden ins Ausland geschleppt und schlürfen Champagner auf ihren 100-Meter-Luxusjachten. Die Banken haben von unseren Steuergeldern Milliarden bekommen, das Volk hat die Arschkarte gezogen. Nehmen wir Ägypten: Einige wenige sind steinreich, die anderen nagen am Hungertuch. Das Militär richtet es. In allen nicht so weit entwickelten Ländern sind die Unterschiede am krassesten. Was meinen Sie: Wenn wir in Amerika eine direkte Demokratie hätten, es gäbe auch dort einen Sozialstaat. Auch die USA brauchen direkte Demokratie, ganz dringend.

Aber jede Veränderung hat Folgen. Alle Profiteure unserer heutigen Gesellschaft und ihre Unterstützer, die letztlich auch profitieren, werden mit allen Mitteln eine Veränderung hin zu einer direkten Demokratie zu verhindern versuchen.

Menschen, die etwas verändern wollen, was dazu führt, dass den Etablierten etwas weggenommen wird, Menschen, die dem herrschenden System kritisch gegenüberstehen, die Kritik üben, werden von den Politikern und ihren freiwilligen und unfreiwilligen Helfern, den Medien, fertiggemacht. Als Beispiele möchte ich Sarazin, Henkel, Lucke, Gauweiler und viele andere nennen.

Wenn Herr Lucke, der 33 Jahre in der CDU war, das Gleiche sagt wie Herr Seehofer, ist Herr Seehofer normal und Herr Lucke rechtspopulistisch. Anschließend wird das Problem, das Herr Lucke rechtspopulistisch *angeprangert* hat und das Herr Seehofer *erwähnt* hat, per Gesetz geändert.

Mir wird es sicher nicht anders ergehen. Auch über mich werden die Medien herfallen, Hand in Hand mit den etablierten Parteien. Und das, obwohl ich nur eine **direkte Bestimmung des Volkes will**, die die Parteien hassen wie der Teufel das Weihwasser, weil es an ihre Pfründe und Privilegien geht.

Natürlich wird die direkte Volksbestimmung Veränderungen mit sich ziehen, denn alle, die von der jetzigen Gesellschafts-form ungerechterweise profitieren, weil jegliche Transparenz nach Möglichkeit verhindert und vermieden wird, laufen Gefahr, ihre Pfründe zu verlieren.

Nun, es ist an der Zeit, aufzudecken, was in unserem Staat alles schiefläuft. Bei der gewollten Intransparenz kann man natürlich nur aufdecken, was bekannt wird.

Schaffen wir es, eine direkte Demokratie zu installieren, werden wir zum Wohl der Allgemeinheit so vieles aufdecken und verändern können, dass alle davon profitieren. Wir wären in der Lage, in unserem Land eine gerechtere Verteilung zu ermöglichen, bei der die Reichen ruhig reich bleiben können, aber nicht immer reicher werden auf Kosten der anderen, und die Schere zwischen Arm und Reich würde nicht immer weiter auseinanderklaffen.

Das alles haben CDU und SPD als „Vertreter des Volkes" in den letzten Jahrzehnten geschaffen: die CDU, deren christliche Einstellung beim besten Willen nichts damit zu tun hat; die SPD, die sich mal auf die Fahnen geschrieben hatte, die Arbeitnehmer zu vertreten, deren Klientel aber inzwischen aus Kapital, Banken und Großindustrie besteht.

Alle CDU- und SPD-Wähler, die sich in christlicher und arbeitnehmerfreundlicher Form vertreten lassen wollten, müssen sich mit Glanz und Gloria hinter eine Bewegung stellen, die durch eine direkte Demokratie ihre Interessen und Werte vertritt.

Mir persönlich wird mein Engagement für eine gerechtere Welt und Verteilung sicherlich schaden. Meine Intention ist jedoch, für die nachfolgende Generation Voraussetzungen für eine gerechtere Welt zu schaffen.

Deutschland ist ein Land, das seit langer Zeit durch Fleiß, Intelligenz, Innovation seiner Bürger in der Welt angesehen und führend ist.

Schaffen wir ein Land mit der **fortschrittlichsten Form der Demokratie, nämlich der direkten Demokratie**, Vorbild kann für uns die Schweiz sein, die eine frühe Form der direkten Demokratie installiert hat, schaffen wir es in Vollendung.

Wirtschaftsentwicklung

Wie sind wir in die heutige Situation gekommen? Was ist fehlgelaufen, dass wir uns trotz einer unheimlich positiven Wirtschaftsentwicklung zu einem Schuldenstaat entwickelt haben, mit einem Schuldenberg von über 2 Billionen Euro, ungesicherten Renten für unsere Generation und erst recht für die Generation unserer Kinder? Ich habe vor einiger Zeit einen Beitrag von Herrn Kunze gesehen, in dem er meinte, wir müssten unseren Kindern gegenüber Scham empfinden angesichts dessen, was wir ihnen hinterlassen: eine Erde, die verunreinigt ist, einen Berg Schulden und ungesicherte Renten. Doch nicht wir Bürger müssen uns schämen, sondern unser Staat, vertreten durch die Parteien und ihre Abgeordneten, denn sie haben durch ihr Verhalten unseren Staat so hingerichtet und ausgeplündert, dass wir in diese Situation gekommen sind.
Flächendeckend ist unser Staat durch Verschwendung, Vergeudung, Korruption, Vetternwirtschaft, Eitelkeiten und Selbstdarstellungsgehabe von Politikern, aber auch durch fachliche Inkompetenz ausgeplündert worden. Man schätzt, dass auf diese Weise heute ca. 20 Milliarden Euro im Jahr verschleudert werden, Steuergelder der Bürger. Dies natürlich dadurch begünstigt, dass es keine Kontrolle der Politiker und ihrer Vollstrecker gibt. Tür und Tor sind den aufgezählten Möglichkeiten geöffnet, das Geld der Bürger, der Steuerzahler zu verpulvern. Solange der Bürger keine Möglichkeit hat, selbst mitzubestimmen, und dies geht nur durch direkte Demokratie, wird sich an diesem Zustand nichts ändern. Nur bei einer **direkten Demokratie** wird es, durch die mögliche Mitarbeit der Bürger an der Gestaltung und Realisierung von Gesetzen und Verfügungen, die nötige Transparenz geben.
Ich werde zunächst aufzeigen, wie die wirtschaftliche Entwicklung in Deutschland war, die im Grunde genommen allen Menschen Wohlstand hätte bringen müssen und auch die Renten für alle Generationen hätte sichern können. Wenn aber letztlich nur eine bestimmte Klientel davon profitiert, die viel mehr als der normale Bürger von dem Kuchen abbekommt,

dann muss man sich fragen, inwieweit die Politiker den normalen Bürger vertreten. Das einzige Interesse der Politiker ist, bei der nächsten Wahl wiedergewählt zu werden. Dafür schmeißen sie den Bürgern vor den Wahlen ein paar Brocken hin, wie beispielsweise kürzlich die Rente ab 63, mir fällt kein anderes Wort dazu ein als totaler Schwachsinn. Es ist einfach ein Wahlgeschenk, um wiedergewählt zu werden. Dazu greift man in den ungesicherten Rententopf für unsere Generation und die folgenden. Schwachsinn hoch drei, aber etwas anderes kann man von diesen Berufspolitikern auch nicht erwarten. Wenn immer mehr junge Leute studieren und damit später in den Beruf starten, auf der anderen Seite die Menschen immer älter werden, muss man sich schon etwas anderes einfallen lassen. Da muss dann die Einstiegshürde in das Rentnerdasein erhöht werden. Da hat auch jeder Verständnis für. Das zu den Wahlgeschenken, weil es ein besonders krasser Fall ist.

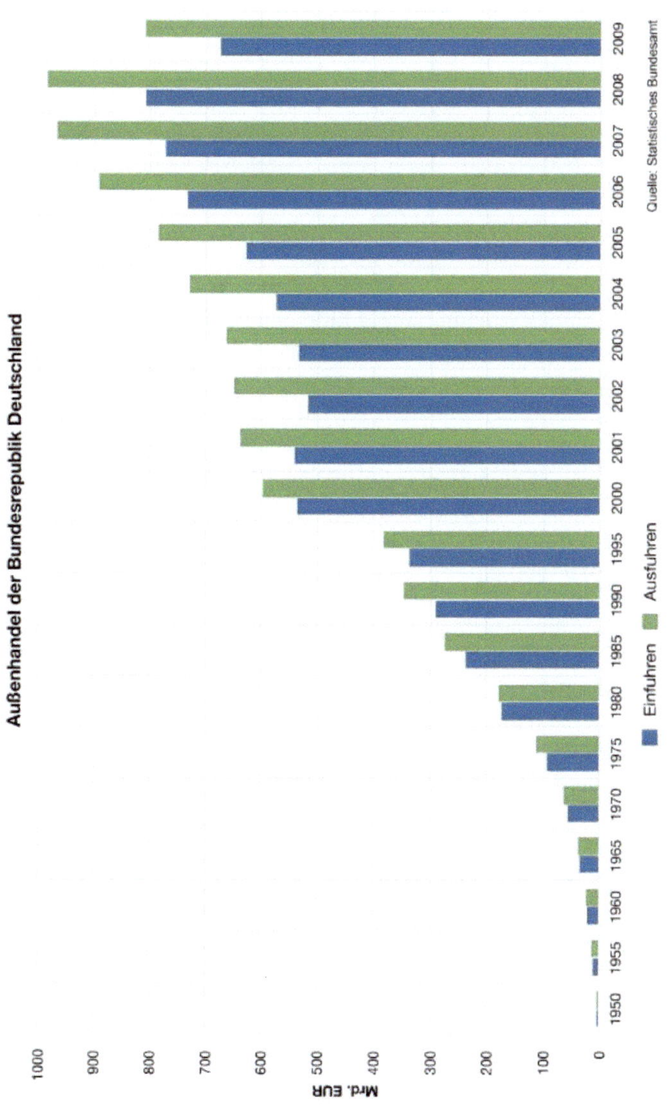

Außenhandel der Bundesrepublik Deutschland
Mrd. EUR
1000
900
800
700
600
500
400
300
200
100
0
1950
1955
1960
1965
1970
1975
1980
1985
1990
1995
2000
2001
2002
2003
2004
2005
2006
2007
2008
2009
Einfuhren
Ausfuhren
Quelle: Statistisches Bundesamt

Zunächst möchte ich aufzeigen, wie die wirtschaftliche Entwicklung in Deutschland gewesen ist und wo sie eigentlich hätte hinführen müssen, wenn verantwortungsbewusste Leute damit umgegangen wären. Als verantwortungsbewusst sehe ich einmal jeden Geschäftsführer eines Betriebes, eines Handwerksbetriebes eines Einzelhandelsbetriebes oder eines Großunternehmens der Wirtschaft an. Da gibt es einen Inhaber, einen Geschäftsführer, einen Vorstand und einen Aufsichtsrat. Das Unternehmen bleibt nur am Markt, wenn es Gewinne erwirtschaftet, der Geschäftsführer bleibt nur, wenn er das Unternehmen gewinnträchtig führt, sonst fliegt er.

Macht ein Unternehmen Verluste, muss es Insolvenz anmelden. Übertragen wir das einmal auf den Staat. Der Staat ist viel bessergestellt. Er profitiert von den fleißigen Menschen und den innovativen Unternehmen. Diese bringen ihm Jahr für Jahr mehr Steuereinnahmen. Und trotzdem gibt er noch mehr aus. Er stiehlt dem Bürger seine Steuern und Abgaben, er veruntreut sie, aus mangelnder Sachkenntnis, aus Dilettantismus, durch Veruntreuung, durch Vetternwirtschaft und Korruption. Wer sein Glück in der Politik sucht oder seinen Vorteil, ist oftmals nicht für einen normalen Beruf so geeignet. Das gilt sicherlich nicht für alle, aber sicher für den Großteil. Schwätzen muss man können, doch belegen, ob das, was man tut, Hand oder Fuß hat, ist meist nicht so wichtig.

Dazu fällt mir ein Spruch von Schäuble (das ist der mit dem schlechten 100.000-Euro-Spenden-Gedächtnis) aus einem Fernsehinterview, das Gottlieb im *BR* mit ihm führte, ein. Da sagte er, die Sparer würden sicher bald wieder mehr Zinsen bekommen. Wenn er das wirklich geglaubt hat, muss ich ihm absprechen, die wirtschaftlichen Zusammenhänge beurteilen zu können, andernfalls müsste ich ihm unterstellen, die Leute zu verarschen. Ich erwarte von einem Rechtsanwalt nicht unbedingt, einen Überblick über ökonomische Zusammenhänge erhalten, aber das mit den Zinsen und der weiteren zwangsläufigen Zinsentwicklung sollte er schon wissen. Dass er sich wie ein Schneekönig über die schwarze Null freuen kann, zeigt mir nicht unbedingt wirtschaftliche Kompetenz, sondern eher eine gewisse Zufriedenheit über eine durchaus überschaubare

Entwicklung.

Diese Entwicklung hat sich dadurch ergeben, dass der Staat sprudelnde Einnahmen und erheblich weniger Zinsbelastung durch die Niedrigzinspolitik hat. Die niedrigen Zinsen führen für alle Darlehen zu niedrigeren Kosten, dadurch erhöhen sich die Gewinne und es müssen erheblich mehr Steuern bezahlt werden. Mit diesen Einsparungen beziehungsweise Mehreinnahmen hätte der Staat bei einer an die Wirtschaftsentwicklung angepassten Ausgabenpolitik die Verschuldung verringern müssen. Insoweit ist die schwarze Null kein positives, sondern ein schlechtes Ergebnis. So, nun weiß es auch Herr Schäuble. Den Sparern und auch Herrn Schäuble möchte ich sagen, dass es derzeit keinerlei Chance für eine großartige Zinserhöhung gibt, denn das würde die schon jetzt gewaltige Verschuldung in Europa noch weiter vorantreiben.

Nun muss man sich bei Politikern, die die Materie nicht von der Pike auf gelernt haben, nicht wundern, wenn sie diese Zusammenhänge nicht so verstehen. Aber die Entwicklung der Verschuldung spricht Bände in Bezug auf das wirtschaftliche Verständnis von Politikern. Unternehmen müssen als Kopf einen Inhaber, Leiter oder Geschäftsführer haben, der gelernt hat, einen Betrieb zu führen. Das Gleiche muss man für politische Ämter erwarten können, kann man aber nicht.

Es reicht nicht, vor Gericht auftreten zu können, Schülern etwas beizubringen, in der Kirche predigen zu können. Es reicht auch nicht, als Vorstand einer Bahn früher mit der Eisenbahn gespielt zu haben. Dafür kann man im Jahr mehr als 600.000 Euro einstreichen, wenn man ein Parteibuch hat und protegiert wird (wie Pofalla). Nach neuesten Erkenntnissen wäre Herr Seehofer der Geeignetere für das Amt gewesen, wenn man sich seine Eisenbahnanlage ansieht.

Wie gesagt, es sind nicht unbedingt die Fähigsten, die sich für die politische Laufbahn entscheiden, zum großen Teil versprechen sie sich gerade aus diesem Grund, durch das Parteibuch auch ohne große Fähigkeiten Posten zu ergattern, die sie sonst nicht bekommen würden. Beispiele gibt es genug.

Kommen wir zur wirtschaftlichen Entwicklung in Deutschland. Sie wird durch das BIP errechnet. Das BIP ist der Wert aller

Güter und Dienstleistungen, die in einem Jahr in einer Volkswirtschaft erwirtschaftet werden.

Deutschland vergrößerte sein Bruttoinlandsprodukts von 50 Milliarden im Jahr 1950 auf 2576 Milliarden im Jahr 2010, das entspricht einer Steigerung von 5150%. Die Einnahmen des Staates stiegen im gleichen Zeitraum von 13,5 auf 1.030,9 Milliarden, das entspricht einer Steigerung von 7636%. Diese Zahlen sagen aus, dass durch die positive Entwicklung unserer Wirtschaft dem Staat prozentual und wertmäßig immer mehr Geld zur Verfügung stand. Diese gewaltige Steigerung des Wirtschaftsprodukts war nur möglich, weil der deutsche Arbeiter besonders fleißig und strebsam war und die Unternehmen in Deutschland besonders innovativ. Dadurch erreichte Deutschland alle Jahre gewaltige Exportüberschüsse, die ein Ausdruck seiner wirtschaftlichen Stärke sind (Statistik Export/Import)

Jetzt kommt die Gretchenfrage: Was hat der Staat damit gemacht? Die Antwort: Es hat ihm nicht gereicht. Er hat noch mehr ausgegeben. Die Einnahmen des Staates sind die Steuergelder der Bürger, die er sorgsam zu verwalten hat. Das Verhalten des Staates, in Form seiner Vertreter, nämlich der Abgeordneten der Parteien, stellt eine Veruntreuung der Steuergelder der Bürger dar.

Im Grundgesetz ist vorgeschrieben, dass der Staatshaushalt ausgeglichen zu sein hat. Daran haben sich die „Volksvertreter" nicht gehalten, sie haben das Steuergeld der Bürger vergeudet, sie haben dazu einen Schuldenberg angelegt, der inzwischen auf über zwei Billionen Euro angewachsen ist.

Zunächst einmal möchte ich aufzeigen, wie man mit Geld umgeht, an Beispielen des Staatshaushalts und eines Unternehmens.

Als Privatmann bekomme ich zum Monatsende meinen Lohn oder mein Gehalt ausgezahlt. Mit dem Geld muss ich dann auskommen. Komme ich meinen Verpflichtungen nicht nach, indem ich Rechnungen nicht bezahle und damit Schulden aufhäufe, werde ich verklagt und dazu verurteilt, die Schulden auszugleichen. Kann ich das nicht, muss ich eine eidesstattliche Versicherung abgeben und eine Privatinsolvenz anmelden.

Entwicklung der öffentlichen Finanzen
(in absoluten Zahlen, 1950 bis 2012[1], in Mio. Euro)

	Bereinigte Ausgaben	Bereinigte Einnahmen	Finanzierungssaldo[2]	Nettokreditaufnahme	Schuldenstand[3]
1950	14.388	13.520	-868	310	9.574
1955	26.196	27.506	1.314	690	21.357
1965	71.878	66.625	-5.253	4.003	44.697
1970	100.382	96.279	-4.081	3.222	64.210
1975	269.574	235.558	-33.961	27.731	130.008
1980	379.188	352.796	-26.505	27.659	238.897
1985	463.807	444.788	-18.871	20.738	388.436
1990	585.228	557.977	-27.147	37.120	538.334
1995	950.523	889.492	-60.931	48.970	1.018.767
2000	960.788	979.322	18.552	19.763	1.210.918
2005	1.002.244	946.460	-55.787	53.325	1.489.853
2006	1.004.943	990.134	-14.705	39.309	1.545.364
2007	1.017.532	1.026.688	8.954	14.946	1.552.371
2008	1.055.965	1.051.605	-4.213	20.477	1.577.881
2009	1.113.124	1.011.429	-101.714	89.739	1.694.368
2010	1.105.876	1.030.908	-74.989	63.955	2.011.677
2011	1.166.634	1.154.596	-12.123	18.310	2.025.438
2012	1.179.792	1.170.918	-8.842	30.056	2.068.289

1: Bis einschließlich 1990 früheres Bundesgebiet. Ab 1950 Bundesgebiet ohne Berlin. Bis einschließlich 1959 ohne Saarland. Ab 1974 erweiterter Berichtskreis. Ab 1998 ohne Krankenhäuser und Hochschulkliniken mit kaufmännischem Rechnungswesen und ohne Zusatzversorgungskassen der Sozialversicherung. Ab 2011 vierteljährliche Kassenergebnisse (Kern- und Extrahaushalte); aufgrund der unterschiedlichen Berichtskreise sind die Ergebnisse mit den Vorjahren nur eingeschränkt vergleichbar.

2: Differenz zwischen Ausgaben und Einnahmen einschließlich interner Verrechnungen (- = Finanzierungsdefizit, + = Finanzierungsüberschuss); nicht identisch mit dem Staatsdefizit nach den volkswirtschaftlichen Gesamtrechnungen.

3: Jeweils zum 31.12.; ab 2006 einschließlich ausgewählter öffentlicher Fonds, Einrichtungen und Unternehmen, die nach dem Europäischen System

Volkswirtschaftlicher Gesamtrechnung zum Sektor Staat zählen; ab 2010 einschließlich aller öffentlichen Fonds, Einrichtungen und Unternehmen, die nach dem Europäischen System Volkswirtschaftlicher Gesamtrechnung zum Sektor Staat zählen. Bis 2009 Kreditmarktschulden einschließlich Kassenkredite; ab 2010 Schulden beim nichtöffentlichen Bereich: Wertpapierschulden, Kredite und Kassenkredite.

Quelle: Statistisches Bundesamt: Finanzen und Steuern: Rechnungsergebnisse des öffentlichen Gesamthaushalts, vierteljährliche Kassenergebnisse des öffentlichen Gesamthaushalts

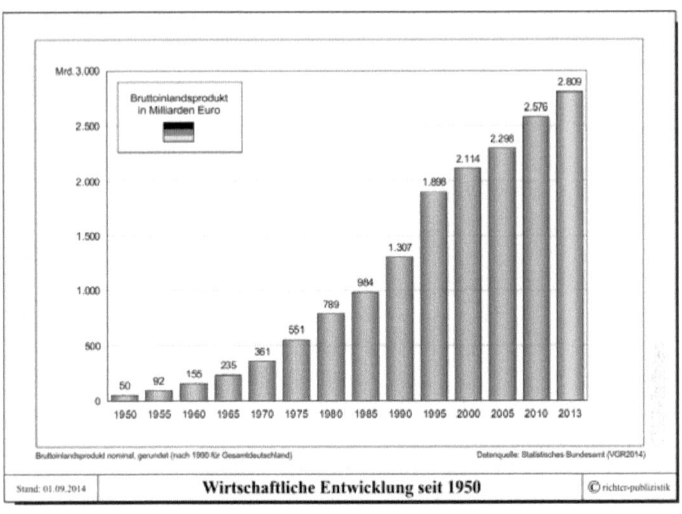

Als Unternehmen muss ich am Jahresende einen Überschuss erzielen. Gelingt mir das nicht, muss ich Insolvenz anmelden. Habe ich das fahrlässig verschuldet, werde ich zur Rechenschaft gezogen. Bin ich Geschäftsführer eines Unternehmens, habe ich Sorge dafür zu tragen, dass das Unternehmen so geführt wird, dass es Gewinn erwirtschaftet.

Das ist in jedem Unternehmen so, alle Kosten und Ausgaben müssen laufend darauf überprüft werden, ob sie notwendig sind, alle Personalstellen müssen immer wieder der Kontrolle unterzogen werden, ob sie effizient arbeiten, ob sie notwendig sind. Gegebenenfalls müssen Stellen abgebaut werden, wenn sie entbehrlich sind.

Ein entsprechendes Verhalten kann ich vom Staat, der die Aufgabe hat, unsere Steuergelder zu verwalten, auch erwarten. Doch was macht er? Er geht mit dem Geld der Bürger in jeder Beziehung unverantwortlich um.

Geld wird verbrannt durch mangelnde Kontrolle, mangelnde Aufsichtspflicht, Vetternwirtschaft, Korruption, mangelnde Sachkenntnis, fehlende Sanktionen bei Vergehen und Fehlern. Dazu steht im Grundgesetz unter Art. 91d, dass Bund und Länder zur Feststellung und Förderung der Leistungsfähigkeit ihrer Verwaltungen Vergleichsstudien durchführen und die Ergebnisse veröffentlichen können. Das käme einer Transparenz gleich. Dann könnte man erkennen, wer nicht vernünftig arbeitet, das könnte Folgen für Funktionäre haben.

Das will natürlich keiner haben. Deshalb wird es auch nicht gemacht.

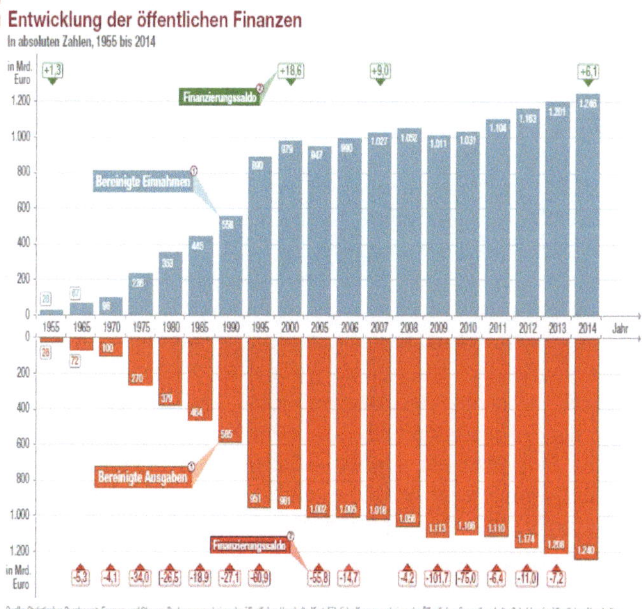

Bei Schülern stellt man Vergleiche in Bezug auf ihre Leistungsfähigkeit an, auch in Unternehmen macht man das. Natürlich nicht beim Staat, denn das ergäbe Transparenz und die fürchten die Politiker wie der Teufel das Weihwasser.

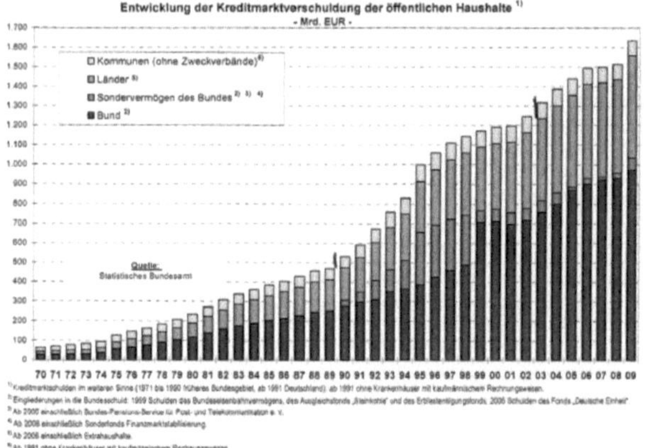

Bei einer sorgfältigen und verantwortungsbewussten Haushaltspolitik hätten wir heute keinen Schuldenberg von über 2 Billionen Euro, sondern einen Vermögenszuwachs von mehr als 2 Billionen Euro.

Wenn sich die Ausgabenpolitik am kräftig gestiegenen Wirtschaftswachstum orientiert hätte, wäre dieser Vermögenszuwachs ohne Weiteres möglich gewesen. Ich werde dies im Folgenden anhand von Beispielen aufzeigen.

An der unverantwortlichen Ausgabenpolitik wird sich nichts ändern. Wenn man heute davon spricht, in Zukunft mit schwarzen Zahlen arbeiten zu wollen, ist das keine Folge einer anderen, besseren Ausgabenpolitik, sondern lediglich eine Folge der sprudelnden Steuereinnahmen und der Einsparungen bei den Schuldzinsen. Dabei sollte man nicht vergessen, dass das Geld dem Sparer verloren geht.

Der durch die Schuldenpolitik der europäischen Länder notwendigerweise heruntergesetzte Zinssatz bringt dem Staat Minderausgaben, dem Sparer entsprechende Mindereinnahmen. Hätten wir einen normalen Zinssatz, würden wir auch in den nächsten Jahren Schulden machen. Ein Wirtschaftseinbruch würde die gleiche Folge haben. Lediglich ein Wirtschaftsboom mit den dadurch sprudelnden Steuereinnahmen und der damit verbundene geringen Arbeitslosigkeit würden den Staat in die Lage versetzen, 2015 die Schulden nicht weiter erhöhen zu müssen.

An der von mir angeprangerten Ausgabenpolitik hat sich nichts geändert, wird sich auch nichts ändern, solange der Bürger nicht selbst mitbestimmen kann, selbst kontrollieren kann und für Transparenz sorgen kann.

Das geht nur durch die **direkte Demokratie**.

Das Grundgesetz schreibt vor, dass der Staat einen ausgeglichenen Haushalt haben soll. Da man sich nicht daran gehalten hat, hat man die nicht vorgesehene Verschuldung des Staates, und damit der Bürger, legalisiert, indem man das Grundgesetz geändert hat.

Das zeigt auf, wie die Politiker mit dem Recht umgehen. Sie machen es sich so, wie sie es brauchen. Dies lässt sich ohne Weiteres durchführen, weil der Bürger kein Mitspracherecht hat. Riefen die unterschiedlichen Koalitionen zunächst bei Haushaltsüberschreitungen die Gerichte an, beschritten sie später den einfacheren Weg, nämlich einfach die Gesetze zu ändern. Das entsprach der Interessenlage aller Lager. Nicht anders geht man mit den vertraglich festgelegten Verschuldungsgrenzen in der EU um. Man schert sich einen Dreck darum. Die sich selbst vorgegebene Verschuldungsgrenze von 60% halten inzwischen nur noch zwei Länder ein.

An vielen ihrer Handlungen kann man erkennen, dass die Politiker mit Recht und Gesetz nichts am Hut haben. Denken wir einmal an die Spendenaffäre der CDU. Denken wir an die Aussage Helmut Kohls zur Euroeinführung. Denken wir an die vielen Gesetzesänderungen, die die Parteien zu ihrem Vorteil vorgenommen haben. Das alles geht nur, weil der Bürger keine Einflussmöglichkeiten hat. Das alles gäbe es nicht bei einer **direkten Demokratie**.

Auf diese Dinge kommen wir später noch zu sprechen.

Wenn man die letzten sechs Jahre betrachtet, so hatten wir , trotz der 2009 eingetretenen Wirtschaftskrise, weiterhin ein starkes Wirtschaftswachstum mit Einnahmen, die ca. 5% über

dem BIP lagen. Trotzdem ist durch die ungezügelte Ausgabenpolitik die Verschuldung um weitere Milliarden Euro gestiegen.
Am maßlosen Verhalten der Politiker hat sich nichts geändert,
wird sich auch nichts ändern, solange der Bürger keinen
direkten Einfluss darauf nehmen kann.

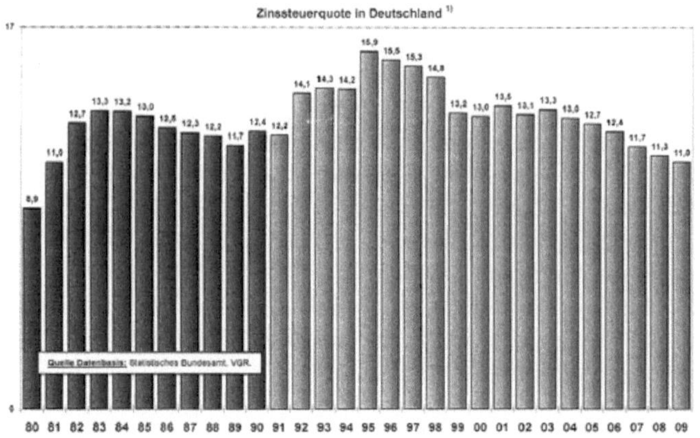

Die Verschuldung hat auch dazu geführt, dass die Renten
immer geringer werden und in Zukunft weiter sinken werden.
Im Gegensatz zu den Pensionen, bei denen die Politiker
hemmungslos zugreifen. Die Pensionen der Staatsdiener, die
immer größere Ausmaße annehmen, sind bei der Verschuldung
eigentlich mitzurechnen. In einem ordentlichen Unternehmen
müssen für Betriebsrenten Rückstellungen gemacht werden. Da
das in unserem Staat nicht gemacht wird, sind sie den Schulden
hinzuzurechnen. Inklusive der impliziten Verpflichtungen wies
Deutschland 2012 insgesamt zwischen 4,7 und 8 Billionen
Euro Schulden aus. Wie gesagt, jedes Unternehmen ist dazu
verpflichtet, für versprochene zukünftige Leistungen Rückstellungen zu bilden (Beispiel: Betriebsrente), der Staat macht es
nicht. Es sind die Schulden, mit denen er die zukünftigen
Generationen belastet.

Korrupte Politiker, korrupter Staat

Weltweit haben 165 Länder eine Konvention gegen Korruption unterschrieben und bis zum Jahr 2015 ratifiziert, nur Deutschland nicht. Die Vereinbarung ist bereits 2005 in Kraft getreten, sie bestätigt die Gesinnung der sogenannten Volksvertreter. Deutschland hat sie erst 2015 ratifiziert. Raten Sie einmal, warum?

Zunächst sollten wir uns einmal fragen, wo Korruption anfängt. Korruption ist eine soziale Interaktion, bei der die Beteiligten beiderseitigen Vorteil Leistungen zum austauschen (Win-win-Situation), beispielsweise bei einer Entscheidungsbeeinflussung gegen Geld, sagt Wikipedia. Wenn ich in diesem Sinn die Korruption betrachte, fallen mir gleich ein paar ganz markante Dinge ein.

Da hat Frau Merkels CDU kürzlich eine Spende von BMW in Höhe von 690.000 Euro erhalten, zeitgleich mit ihrer Intervention bei der EU gegen eine niedrigere Abgasbelastung für große Kraftfahrzeuge. Die drei Mitglieder der Quandt-Familie haben am 9. Oktober 2013l laut *Spiegel* der CDU insgesamt 690.000 Euro zukommen lassen, so konnte man lesen. Gemeinsam halten sie 46,7% der Anteile an BMW. Die Spenden fallen zeitlich mit einer brisanten politischen Entscheidung zusammen. Die Bundesregierung kämpft seit diesem Sommer dafür, strengere Abgasnormen für Autos in Europa später einzuführen, als ursprünglich geplant. Mit Erfolg: Am Montag verhinderte die Bundesregierung bei einem Treffen der EU-Umweltminister vorläufig eine Einigung. Davon profitieren insbesondere deutsche Oberklasse-Hersteller wie BMW, aber auch Daimler, Audi oder Porsche. Urteilen Sie selbst: Win-win-Situation?

Die CDU-Spendenaffäre

Im November 1999 erließ das Amtsgericht Augsburg einen Haftbefehl gegen den damaligen Schatzmeister der CDU Leisler Kiep wegen des Verdachts der Steuerhinterziehung.

Man warf ihm vor, 1991 eine Spende des Waffenhändlers Schreiber in Höhe von 1 Million D-Mark für die CDU erhalten und nicht versteuert zu haben. Die Spende soll nicht an die CDU weitergeflossen, sondern zwischen Horst Weyrauch, Leisler Kiep und dessen Bevollmächtigten Uwe Lütje aufgeteilt worden sein. Bei dem Geld, das 1991 auf einem Parkplatz in der Schweiz übergeben worden war, handelte es sich um eine Provisionszahlung der Firma Thyssen in Höhe von 1,3 Millionen D-Mark aus einem Rüstungsgeschäft.

Ende November 1999 räumte der frühere Generalsekretär der CDU Heiner Geißler ein, dass die CDU schwarze Konten geführt habe. Helmut Kohl bestätigte dann, nach vorherigem Abstreiten, die Existenz dieser Konten im Fernsehen. Die Namen der Spender gab Kohl nicht preis mit der Begründung, er habe sein Ehrenwort gegeben, dies nicht zu tun. Kurz danach trat Kohl als Ehrenvorsitzender der CDU zurück, beteuerte allerdings, die politischen Entscheidungen bei Waffenlieferungen und dem Verkauf der Mineralölraffinerien in Leuna seien nicht käuflich gewesen.

Wer's glaubt, wird selig.

Es wurde ein Untersuchungsausschuss eingesetzt, der von 1999 bis 2002 tagte. Im Laufe dieser Untersuchungen stellte sich heraus, dass die CDU in der Schweiz zahlreiche Schattenkonten besaß und eine Stiftung mit dem Namen Norfolk. Diese Konten dienten der Verschleierung illegaler Parteispenden. In die Affäre waren Helmut Kohl, Wolfgang Schäuble, Max Strauß, Roland Koch und Manfred Kanther verstrickt sowie die Firmen Thyssen und Ferrero.

Einige beispielhafte Spenden:

Ferrero:	1 Millionen
Kiep-Spende:	1 Millionen
Ehlerding-Spende:	5,9 Millionen
Unbek. Herkunft:	10 Millionen (1989–1992)

Die Spende von Karl Ehlerding muss im Zusammenhang mit dem Zuschlag für die vom Bund ausgeschriebenen 110.000 Eisenbahnerwohnungen gesehen werden. Mitte Februar 2000 wurde dafür vom Bundestagspräsident Thierse eine Geldbuße von 41,3 Millionen D-Mark verhängt.

<u>Die Spenden der Hessen-CDU</u>

Im Januar 2000 räumte der ehemalige hessische CDU-Vorsitzende Manfred Kanther ein, im Jahr 1983 8 Millionen D-Mark der Landes-CDU ins Ausland transferiert zu haben, was der hessische CDU-Chef Roland Koch hingegen auf 18-Millionen korrigierte.

Rücktrittsforderungen gegen Koch **im Landtag** blieben wegen der zusammen mit der FDP gehaltenen CDU-Mehrheit ohne Erfolg. Anfang September 2000 gerieten die hessische CDU und Ministerpräsident Koch weiter unter Druck. Es wurde ihnen vorgeworfen, die CDU-nahe Stiftung Hessische Akademie für politische Bildung als Geldwaschanlage benutzt zu haben. Der Haftpflichtverband der Deutschen Industrie bestätigte, 1998 und 1999 insgesamt 450.000 D-Mark an diese Stiftung gezahlt zu haben.

Manfred Kanther stand als ehemaliger Landesvorsitzender der hessischen CDU vor dem Untersuchungsausschuss des Bundestags zur CDU-Parteispendenaffäre. Während seiner Amtszeit als Generalsekretär wurden 1983 20,8 Millionen D-Mark auf schwarze Konten in die Schweiz transferiert.

<u>Verwicklungen des Ferrero-Konzerns</u>

Im Juli 2000 wurde bekannt, dass die Staatsanwaltschaft eine weitere Millionen DM Spende als Schwarzgeld bei der hessischen CDU entdeckt hatte. Dieses Geld stammte wohl vom Süßwarenhersteller Ferrero und floss in die Parteikasse des Landesverbands. Dieses Geld wurde nicht ordnungsgemäß als Spende verbucht. Das Unternehmen hatte für sein Werk jahrelang zu niedrige Gewerbesteuern bezahlt. Die Kommune setzte nur 6,8 Millionen DM an, während die Prüfer 40,2 Millionen DM für angemessen hielten. Ferrero musste dann 52 Millionen DM Gewerbesteuer nachzahlen. Manfred Kanther hatte den Konzern anwaltlich beraten.

<u>Walther Leisler Kiep</u>

Im April 2000 wurde ein Brief von Leisler Kiep an Kohl veröffentlicht, in dem dieser Kohl um Hilfe für den Waffenlobbyisten Schreiber bat mit dem Hinweis auf die brisante Lieferung von Fuchs-Spürpanzern an Saudi-Arabien im Jahre 1991. Die Bild-Zeitung zitierte damals aus dem Brief Kieps an Kohl: „Lieber Helmut, Du wirst Dich sicher an die Hilfe und Unterstützung in der Angelegenheit Fuchs-Systeme erinnern, welche damals an Saudi-Arabien geliefert wurden. Die Initiative ging von Herrn Schreiber aus, der für Thyssen in Ottawa tätig ist." Im Folgenden warb Leisler Kiep für ein neues Schreiber-Projekt, die Errichtung einer Panzerfabrik in Kanada: „Ich wäre Dir zu großem Dank verpflichtet, wenn Du Herrn Schreiber helfen könntest." Schreiber hatte 1991 im Auftrag von Thyssen 1 Millionen D-Mark an die CDU gespendet. Kiep nahm damals die Spende entgegen.

<u>Wolfgang Schäuble</u>

Im Februar 2000 erklärte Schäuble, nicht mehr als Partei- und Fraktionsvorsitzender zu kandidieren. Daraufhin wurde Friedrich Merz Fraktionsvorsitzender und Angela Merkel zur neuen Parteivorsitzenden gewählt. Zuvor hatte Schäuble am 10. Januar 2000 zugegeben, vom Waffenhändler Schreiber 1994 eine Spende über 100.000 Euro für die CDU entgegengenommen zu haben.. Am 31. Januar 2000 gestand Schäuble ein weiteres Treffen mit Schreiber im Jahr 1995 ein. Die Schatzmeisterei der CDU habe den Betrag als „sonstige Einnahme" verbucht. Im Laufe der Untersuchungen zur CDU-Spendenaffäre widersprach die Schatzmeisterin der CDU Brigitte Baumeister den Darstellungen Schäubles. Im Juni 2000 erstattete Schreiber Strafanzeige gegen Schäuble wegen Meineids. Kanther wurde für seine Beteiligung an der CDU-Spendenaffäre zu einer Bewährungsstrafe von 18 Monaten und einer Geldbuße von 25.000 Euro verurteilt.

Der von der damaligen rot-grünen Regierung zur Aufklärung der Affäre um die verschwundenen Leuna-Akten eingesetzte Burkhard Hirsch kam im Untersuchungsbericht zu dem Ergebnis, dass vor der Amtsübergabe von Kohl an Schröder offenbar in erheblichem Umfang sensible Akten entfernt oder vernichtet wurden. Beim Verkauf der Leunawerke und des VEB Minol sollen angeblich Schmiergelder in Höhe von 85 Millionen DM geflossen sein. Regierungssprecher Heye sprach davon, dass sich der Verdacht erhärtet habe, dass Unterlagen manipuliert oder teilweise entfernt worden seien. Nach SPD-Obmann Hofmann habe es einen „illegalen Arm" der CDU gegeben, der in einem geschlossenen System, wie im Bereich **organisierter Kriminalität**, vor allem mit mündlichen Absprachen operiert habe. Ein früherer leitender Mitarbeiter des französischen Mineralölkonzerns Elf Aquitaine, André Tarallo, erklärte dass der CDU Schmiergelder von Elf Aquitaine gezahlt worden seien. Es konnten allerdings keine entsprechenden Akten über diesen Vorgang gefunden werden. Also war es auch nicht zu beweisen.

So weit die Darstellung des Umgangs der Politiker mit Schmiergeldern, Korruption und der Wahrheit sowie zum Umgang der Gerichtsbarkeit mit diesen Tätern. Da wundert man sich nicht über den Ausspruch, die stecken doch alle unter einer Decke. Denken wir an die Mövenpick-Spende an die FDP. „Mövenpick-Partei" nannte die stellvertretende Vorsitzende der Linken im Bundestag, Gesine Lötzsch, die FDP aufgrund der Spende von August von Finck. Finck ist der milliardenschwere Eigentümer von 14 Mövenpick-Hotels, er spendete der FDP im politischen Umfeld der Bundestagswahl 1,1 Millionen Euro. Und just wurde als erste Handlung der schwarz-gelben Koalition die Mehrwertsteuer für Hotelübernachtungen von 19% auf 7% mehr als halbiert. – Ein Schelm, der Böses dabei denkt.

Was als Kölner SPD-Spendenaffäre begann, wurde zum Wirtschaftskrimi: Über 20 Millionen D-Mark Schmiergeld sollen geflossen sein, damit die richtigen Unternehmen den 800 Millionen D-Mark schweren Auftrag für eine Müllverbrennungsanlage bekamen. Drei der Beteiligten, darunter der ehemalige SPD-Fraktionschef, wurden verhaftet, so konnte man am 13.6.2002 auf *Spiegel Online* lesen.

Die Staatsanwälte ermittelten, dass für den Zuschlag für den Bau der rund 800 Millionen teuren Müllverbrennungsanlage 21,6 Millionen Euro Schmiergelder geflossen sind. Der Müllunternehmer Hellmut Trienekens, der Ex-SPD-Stadtrat Norbert Rüther und der ehemalige SPD-Bundespolitiker Karl Wienand wurden in Untersuchungshaft genommen. Ihnen wurde Bestechung, Bestechlichkeit und Steuerhinterziehung im Zuge der Vergabe der Müllverbrennungsanlage vorgeworfen. Zunächst konnte man davon ausgehen, dass rund 400.000 Euro über Rüther und Biciste in das Säckel der Genossen geflossen sind. Wie die Staatsanwaltschaft ermittelte, zeichnete sich ein **klassischer Deal zwischen Kommunalpolitikern und Großindustriellen** ab, bei dem alle Beteiligten gut verdienten. So soll Wienand durch seinen politischen Einfluss wesentlich daran mitgewirkt haben, dass der Gummersbacher Anlagenbauer Steinmüller im Jahr 1994 den Zuschlag für den Bau der 800-Millionen-Anlage erhielt. Für diese Hilfestellung soll Wienand 4,4 Millionen Euro von der Firma Steinmüller kassiert haben. Ex-SPD Fraktionschef Rüther soll insgesamt 2 Millionen Euro von der Firma Steinmüller über Trienekens erhalten haben. Auch hier wurde Geld des Steuerzahlers verpulvert, denn die Schmiergelder wurden gezahlt und konnten gezahlt werden, weil durch diese Manipulationen viele Millionen für das Projekt zu viel bezahlt wurden. Und es war wieder so, dass es sich nur um die Spitze des Eisbergs handelte. Dieser Fall fiel nun mal auf, von vielen anderen Fällen, bei denen durch Bestechung und Deals zwischen Politikern und der Großindustrie Milliarden an Steuergeldern draufgehen, erfahren wir nichts, weil, wie gesagt, verschleiert und vertuscht und versucht wird, um nach Möglichkeit jegliche Transparenz zu vermeiden.

Dies sind nun einige Affären von politischen Parteien, aus denen zu ersehen ist, wie Politiker mit Recht und Wahrheit umgehen und wie sie dafür zur Rechenschaft gezogen werden. Diese Korruptionsfälle sind keine Einzelfälle. Man könnte die Aufzählung beliebig fortsetzen. Wen wundert da, wenn die Parteien sich in den Spitzen so verhalten, dass dies durchgängig ist bis in die unteren Ebenen. So wundert es einen nicht, dass es allein in NRW im Jahr laut der Bild-Zeitung 250 Korruptionsfälle gibt. Hierhin gehen Milliarden Euro unserer Steuergelder, Beispiele sind das Landesarchiv, die Elbphilharmonie und der Flughafen Berlin.

Damit haben wir einen nahtlosen Übergang zur Verschwendung von Steuergeldern, die den Steuerzahler im Jahr ebenfalls Milliarden Euro kostet.

Wir haben einen Bundesrechnungshof, der jedes Jahr Berichte über Verschwendungen von Steuergeldern anfertigt. Jedes Jahr, doch es ändert sich nichts. Der Rechnungshof hat die Aufgabe, die Ausgaben des Bundes zu überprüfen. Er hat jedoch keinerlei Kompetenz, etwas dagegen zu tun, er kann lediglich Empfehlungen geben. Der Rechnungshof wird auf Vorschlag der Parteien besetzt, das bewirkt von vornherein eine relativ unkritische Recherche.

Wenn jemand zu kritisch über Parteien oder Regierung berichtet, ist es durchaus Gangart, ihn aus dem Verkehr zu ziehen (Beispiel Sarazin) oder ihn wegzuloben.

Sicherlich wäre ein neutraler Rechnungshof mit Kompetenz zu Sanktionen viel besser und eigentlich unbedingt erforderlich. Aber keine der Parteien hat ein Interesse daran. Damit würden ja Parteimitglieder in die Kritik kommen. Das geht natürlich beim Landesrechnungshof genau so weiter. Eigentlich kann keiner so dumm sein, eine derart mangelhafte Kontrolle und Eingreifmöglichkeit zu dulden. Seien Sie versichert, das ist alles Absicht. So schützt sich die Parteienklasse.

Nun kann man einem Gremium wie den Rechnungshöfen nicht jede Aufdeckung verbieten, dann würde diese „Kontrollaufsicht" ja keine Existenzberechtigung mehr haben und man müsste zugeben, dass man im Grunde gar keine Kontrolle und Kritik haben möchte. Deshalb ist sie degradiert zu einer Alibifunktion der angeblichen Kontrolle. Und dann ist da noch der Bund der Steuerzahler, der unbequem immer wieder Hinweise gibt, denen man ja dann auch noch nachgehen muss.

Im Grunde kann man diese ganze „Kontrollabteilung" in die Tonne hauen. Da gehört eine neutrale Institution mit Sanktionsmöglichkeiten hin. Besetzt von einer neutralen Stelle, wie beispielsweise den Industrie- und Handelskammern, mit echten Fachleuten und einem Richtergremium, das Fehlverhalten sanktionieren kann. Aber diese Richter mal nicht von den Parteien ausgesucht.

Ein paar gravierende Beispiele für Verschwendung von Steuergeldern, die in der letzten Zeit Schlagzeilen machten, werden nachfolgend angeführt, sie zeugen davon, dass durch **Inkompetenz, fehlendes Fachwissen der Politiker** und sicher auch Freundschaftsdienste und Korruption Steuergelder in Milliardenhöhe verbrannt werden.

Chronik des Landesarchivskandals: Von 50 auf 190 Millionen Euro – ein markantes Beispiel für Korruption und Verschleuderung von Steuergeldern

Im November 2003 wurde beschlossen, Teile des Landesarchivs NRW in einem Neubau zusammenzulegen. Ein Jahr später kauft der BLB dafür ein Grundstück auf der Werdener Straße in Düsseldorf. Die Kosten für den Archiv-Neubau sollen bei ca. 30 Millionen Euro liegen.

2005 bittet die Staatskanzlei den BLB, auch im Ruhrgebiet nach Standorten für das Landesarchiv zu suchen. Ins Gespräch kommen die Zeche Zollverein in Essen und ein 40 Meter hoher Getreidespeicher im Duisburger Hafen, der einer Speditionsfirma gehört. Für das Gelände besitzt die Stadt Duisburg das Erbbaurecht.

Nachdem die Landesregierung sich für den Umbau des Getreidesilos und einen Anbau entschieden hat, soll der BLB die Grundstücke von der Speditionsfirma kaufen. Dieser Kauf scheitert jedoch, denn inzwischen hat ein Essener Investor das

Gelände gekauft. Das Vorkaufsrecht der Stadt Duisburg in Höhe von 3,85 Millionen Euro nutzt der BLB „wider besseren Wissens" nicht. Der Essener Investor und der BLB unterschreiben im Oktober 2007 einen Mietvertrag. Dabei geht man von 30 Millionen Euro Baukosten aus und einer proportionalen Steigerung der Miete entsprechend der Baukosten. Im Mai des darauf folgenden Jahres teilt der Investor dem BLB mit, dass die Baukosten nun 70 Millionen Euro betragen und die Miete damit auf über 9 Millionen Euro steigen würde. Das wird nun dem BLB zu teuer und anstatt aus dem Mietvertrag wegen der Mehrkosten auszusteigen, kauft man das Gelände. Statt des möglichen Kaufpreises von 3,85 Millionen erwirbt man nun das Gelände für 30 Millionen Euro von dem Investor. Angesichts einer **Steigerung von mehr als 26 Millionen Euro in einem Jahr**, die der Investor für Planung und Mietausfall geltend macht – alles rausgeschmissenes Geld –‚fragt man sich, wer sich alles an diesem Deal bereichert hat. Die Sache stinkt zum Himmel.

Im April 2010 ist Baubeginn. Anstatt der ursprünglich angenommenen Baukosten von **50 Millionen Euro** landet man schließlich bei **190 Millionen Euro,** eine Steigerung von mehr als 350%.

Aber das ist nicht das einzige Bauvorhaben des BLB, bei dem es nicht mit rechten Dingen zugeht. Auch beim Bau der Fachhochschule in Köln gibt es undurchsichtige Grundstückskäufe, ein Investor, der dem Land Grundstücke wegschnappt und dann mit enorm hohen Gewinn verkauft, ist ein weiteres Beispiel für mangelnde Kontrolle und fehlende Kompetenz, auch hier riecht es nach Korruption. Inzwischen ermittelt die Staatsanwaltschaft seit fünf Jahren und hat Anklagen erhoben.

<u>Elbphilharmonie: Kostensteigerung von 186 auf</u>
<u>866 Millionen Euro</u>

So werden Steuergelder durch Inkompetenz Verschwendung verschleudert. Das Bauvorhaben der Elbphilharmonie wurde um ein Vielfaches teurer, als 2005 vom damaligen Bürgermeister Ole von Beust (CDU) veranschlagt.

Als 2001 der Architekt Alexander Gerard an den Hamburger Senat mit der Idee herantrat, auf dem Kaispeicher A eine Konzerthalle zu bauen, wurde das positiv aufgenommen. Im Jahr 2003 präsentierten die Schweizer Star-Architekten Herzog & de Meuron einen ersten Entwurf der Elbphilharmonie. Nach der ersten Machbarkeitsstudie ging man von Baukosten in Höhe von **186 Millionen Euro** aus.

Im November 2006 gibt Bürgermeister Ole van Beust bekannt, dass die Kosten auf **241,3 Millionen Euro** steigen würden. Im April 2007 ist die Grundsteinlegung. Im November 2008 räumt die Kultursenatorin Karin von Welck ein, dass sich die Kosten für den Steuerzahler um 209 Millionen auf **323 Millionen Euro** erhöhen. Als Eröffnungstermin wird der Mai 2012 angegeben. Hochtief kündigt Verzögerungen an, nun soll die Eröffnung im April 2014 stattfinden. Im Dezember 2012 kostet das Projekt nun **575 Millionen Euro**, die Fertigstellung ist nun für Herbst 2016 geplant. Am Ende scheinen Kosten in Höhe von **866 Millionen Euro** zu stehen.

Ein Untersuchungsausschuss hat versucht, einige Gründe für diese wahnsinnige Kostensteigerung herauszufinden: Zunächst einmal gab es keinen Wettbewerb, Hochtief bekam als einziger Bieter den Zuschlag. Während der Bauzeit kam es immer wieder zu Veränderungen, man spricht von insgesamt eintausend Fällen. Die Nutzfläche wurde von 84.000 auf 120.000 qm erweitert. 1089 Fensterscheiben sollten nicht glatt sein, sondern speziell gewellte Einzelstücke, Mehrkosten: 22 Millionen Euro. Man wählte außerdem Papierhandtuchspender, das Stück zu 957 Euro. Der Ticket-Verkaufstresen sollte ursprünglich in Eiche gebaut werden. In Granit und Klavierlack war er 1,8 Millionen Euro teurer.

Dies kann man ins Unendliche fortsetzen. Es zeigt, man kann Politikern keine freie Hand geben und sie unkontrolliert wirtschaften lassen, denn dann vergeuden sie die Steuergelder der Bürger und schaffen eine immer größere Verschuldung. Die Bauarbeiten an der Elbphilharmonie gehen jetzt voran, Termine werden eingehalten, der Rohbau steht. Es scheint, als könne das Gebäude 2017 fertig sein.

<u>Flughafen Berlin-Brandenburg (BER): Kosten steigen von 1,7 auf 6,5 Milliarden</u>

Der Berliner Flughafen sollte im November 2011 seinen Betrieb aufnehmen. Heute ist noch nicht abzusehen, wann von dort aus das erste Flugzeug starten wird (laut *Tagesspiegel* vom 15.12.2015). Auch dies ein krasses Beispiel für die Unfähigkeit unserer Politiker, mit den Steuergeldern unserer Bürger vernünftig umzugehen. Als Kosten für den Flughafen waren 2004 **1,7 Milliarden Euro** veranschlagt worden. Inzwischen liegen die Baukosten bei **mindestens 6,5 Milliarden Euro**. Es ist allerdings damit zu rechnen, dass sie noch steigen werden. Man kann davon ausgehen, dass sich die Baukosten insgesamt auf das **Vierfache** erhöhen werden.

Der erste Spatenstich für den BER erfolgte im Jahr 2006. Die vorgesehen Eröffnung 2011 wird sich mindestens um sechs Jahre verschieben, das heißt, es wird die doppelte Bauzeit benötigt worden sein.

Natürlich erfolgt die so viel spätere Eröffnung aufgrund von Planungsfehlern und Pannen. Sobald Politiker in Bauwerke involviert sind, kann man davon ausgehen, dass es erhebliche Mehrkosten und Verzögerungen bei den Bauzeiten geben wird. Deshalb muss man den unfähigen Politikern diese Dinge aus der Hand nehmen und für solche Projekte entsprechende Fachleute einsetzen. Was hilft es schon, dass Verantwortliche, wie Herr Wowereit, nicht zur Verantwortung gezogen werden können, weil die Mehrheit in Berlin im Stadtrat in den Händen schwarz-roter Politiker liegt.

Gegen den Aufsichtsratsvorsitzenden des Pannenflughafens Wowereit wurde zu Recht im Rat der Stadt ein Misstrauensvotum eingebracht. Es scheiterte, weil die beiden Koalitionspartner CDU und SPD mehrheitlich dagegenstimmten. So viel zum demokratischen Verhalten der Parteien. Es ist ein Affront für jeden Bürger, der durch die Parteien eben nicht vertreten wird.

Deshalb brauchen wir direkte Demokratie.

Der Bund der Steuerzahler veröffentlicht jedes Jahr ein Schwarzbuch, in dem Objekte der Steuerverschwendung aufgezeigt werden. Aber auch der Bund der Steuerzahler hat bei Weitem nicht Kenntnis von allen Steuerverschwendungen. Ein paar markante Beispiele aus dem Schwarzbuch 2013 finden Sie im weiteren Verlauf dieses Buches.
Eine vernünftige Ausgaben- und Personalpolitik hätte zu Vermögenszuwächsen von mehr als 2 Billionen Euro geführt.
Eine völlige Offenlegung würde gewaltige Einsparungen mit sich bringen, deshalb muss eine solche Transparenz her.
Transparenz wird es nur geben bei einer direkten Demokratie.
Der Bund der Steuerzahler verlangt die Bestrafung von Steuerverschwendern. Verschwendung und Verschuldung sind nicht gottgegeben. Es gibt genügend Beispiele, wie und wo es anders läuft: Rückgang der Verschuldung, in GBR, Dänemark, Schweden, Schweiz, Raesfeld, ich komme darauf zurück.

Entwicklung der Abgeordnetendiäten

Wenn wir uns mit den Abgeordnetenbezügen befassen, so müssen wir alle Bezugsmöglichkeiten dabei erfassen. Da sind einmal die normalen Diäten. Sie sind von 307 Euro im Jahr 1950 auf 9.082 Euro im Jahr 2015 gestiegen. Als weitere Vergütung gibt es eine monatliche Kostenpauschale zur Bezahlung von Bürokosten-Mehraufwendungen für Unterkunft und Verpflegung am Sitz des Deutschen Bundestages etc. in Höhe von 4.267,06 Euro monatlich. Für diese Kosten ist kein Nachweis erforderlich. Sie werden gezahlt, auch wenn sie in dieser Höhe nicht anfallen. Sie sind steuerfrei.

Des Weiteren haben die Abgeordneten das Recht, kostenlos die Bahn in der ersten Klasse zu benutzen, auch für ihre Privatfahrten. Die Abgeordneten haben weiter das Recht, Mitarbeiter bis zu einer Gesamthöhe von 16.019 Euro im Monat zu beschäftigen. Diese dürfen nicht mit den Abgeordneten verwandt sein. Das ist natürlich eine gute Gelegenheit, zusätzlich Asche zu machen.

Was natürlich auch ausgenutzt wird.

Wie das aussieht, konnte man erfahren, als in Bayern Manipulationen aufgedeckt wurden.

NTV schreibt dazu:

„Die Verwandtenaffäre bringt Bayern, die CSU und die Parteien insgesamt in Misskredit. SPD-Spitzenkandidat Ude fordert fünf Rücktritte von CSU-Politikern, der Landtag veröffentlicht die Namen von 79 Abgeordneten.“

Die Affäre um die mit Steuergeldern bezahlten Familienjobs von Abgeordneten und Kabinettsmitgliedern in Bayern schlug immer höhere Wellen. Landtagspräsidentin Barbara Stamm (CSU) veröffentlichte die Namen von 79 Abgeordneten, die seit dem Jahr 2000 Ehepartner, Kinder oder Eltern als Bürohilfen engagiert hatten. Dazu gehören der frühere Kanzleichef Siegfried Schneider und Innenstaatssekretär Hermann Regensburger. Acht ehemalige und amtierende CSU- Minister und Staatssekretäre haben ihre Verwandten als Bürohilfen angegeben. „Es ist ein Skandal, wenn buchstäblich eine Handvoll Kabinettsmitglieder den Staat als Beute betrachten", so Oberbürgermeister Ude.

Da muss ich Herrn Ude Recht geben. Aber es sind nicht nur eine Handvoll Kabinettsmitglieder, Herr Ude, es ist eine Betrachtung der Politiker, die für unser ganzes Land gilt, in vielfältiger Form. Im Übrigen hatten auch 21 Sozialdemokraten Familienmitglieder ersten Grades angeheuert, darunter die frühere SPD-Landesvorsitzende Renate Schmidt. Dazu gab es Schlagzeilen: „Ude: Vetternwirte müssen Fraktion verlassen", „Minderjährige Kinder als Mitarbeiter bezahlt – CSU-Politiker gibt Ausschussvorsitz ab", „Verlobten für 39.000 Euro als Mitarbeiter beschäftigt –Bundestag entlastet Dorothee Bär".

Die von Ude zum Rücktritt aufgeforderten Minister und Staatssekretäre hatten ihren Frauen im Schnitt Beträge zwischen 500 und knapp 1000 Euro netto pro Monat für Teilzeitarbeit bezahlt. Georg Schmid musste als einziger Politiker aus der Affäre politische Konsequenzen ziehen und trat im April 2013 zurück. Schmid wurde vom Augsburger Amtsgericht zu einer 16-monatigen Bewährungsstrafe verurteilt und einer Geldbuße von 120.000 Euro. Er hatte seine Frau 22 Jahre lang als Scheinselbständige in seinem Wahlkreis beschäftigt.

Spiegel Online berichtete, wie viele Abgeordnete Nebeneinkünfte neben ihrem Mandat beziehen. Demnach müssen Nebeneinkünfte über 1000 Euro monatlich angegeben werden. 123 Abgeordnete haben Nebenjobs in Aufsichtsräten und dergleichen (eine Aufstellung finden Sie im Anhang dieses Buches).

Die Zahl derer, die die sich neben ihrem Mandat etwas dazuverdienen, ist im Bundestag sehr unterschiedlich auf die Parteien verteilt. Bei der Linksfraktion gaben 41% an, keinen Nebenjob zu haben. In den Unionsfraktionen sammeln sich die meisten Neben- und Großverdiener (siehe die nachfolgende Aufstellung über Großverdiener der Stufe 10).

Nebenverdienste der Bundestagsabgeordneten Stufe 10 (über 250.000 Euro)

Abgeordneter	Nebentätigkeit	Anzahl der Nebentätigkeiten	Ausschuss
Peter Gauweiler (CSU)	Anwalt	1	Ausschuss Auswärtiges
Albert Stegemann (CDU)	Landwirt	1	Ausschuss Arbeit und Soziales
Stephan Harbarth (CDU)	Vorstand Wirtschaftssozietät	1	Ausschuss Recht und Verbraucherschutz, Ausschuss Wahlprüfung und Immunität
Hans Michelbach (CDU)	Geschäftsführer	1	Ausschuss Finanzen

Schere zwischen Arm und Reich

Schauen wir uns die Reallohnentwicklung an, so müssen wir feststellen, dass im Zeitraum von 1992 bis 2012 der Reallohn um 1,6% sank, das heißt, dass die Inflationsrate die Lohnsteigerungen aufgefressen hat. Schlimmer noch, dadurch, dass die Inflationsrate höher war als die reale Lohnsteigerung, konnte man sich nach 20 Jahren weniger leisten als 20 Jahre zuvor. Im gleichen Zeitraum hat sich die Schere zwischen Arm und Reich gewaltig zu Gunsten der Reichen verschoben.

Wohneigentumsquoten in Europa

Anteil der Bürger in eigenen vier Wänden

Rumänien	97%
Slowakei	90%
Ungarn	90%
Bulgarien	87%
Spanien	83%
Polen	81%
Tschechien	79%
Griechenland	77%
Portugal	75%
Finnland	74%
Belgien	72%
Italien	72%
Schweden	71%
Großbritannien	70%
Dänemark	67%
Niederlande	67%
Frankreich	62%
Österreich	57%
Deutschland	53%
Schweiz	44%

EU-27: 71%

Quelle: Eurostat/LBS Research

Grafik: infoch@rt

Das ist weder eine christliche noch eine soziale Politik, das ist eine Politik für die Reichen und das Kapital, denn den Reichen wurde die Möglichkeit geboten, die Versteuerung ihrer Einkommen in Grenzen zu halten. So begünstigt die Steuersenkung auf Kapitalerträge die Vermögenden ganz erheblich. Statt diese Einnahmen mit dem Höchstsatz von 42% versteuern zu müssen, werden dafür nur 25% in Ansatz gebracht. Weiterhin wurde die Einkommensteuergrenze von 53% auf 42% gesenkt. An diesen Steuersenkungen waren

CDU, SPD, FDP und die Grünen beteiligt. Das zeigt, dass die etablierten Parteien keine Politik für das Volk machen, sondern die Vermögenden bevorzugen. Der normale Bürger hat keine Lobbyisten in den sogenannten Volksparteien, aber die Vermögenden.

Die Einkommensteuer betrug vor 1950 noch über 90% für Höchsteinkommen, jetzt höchstens noch 42%. Aber die zahlt der Reiche bei Weitem nicht, denn er hat ausgefuchste Wirtschaftsberater, die genügend Schlupflöcher kennen, um die Einkommensteuer zu drücken.
Ist das soziale Politik – sind das Volksparteien?
Es zeigt sich, dass die Parteien die Vermögenden unterstützen, der Normalbürger zieht die Arschkarte. Der Kapitalismus gibt erfolgreichen Menschen die Chance, viel Geld zu verdienen, aber muss das zu einer solch ungleichen Entwicklung führen?

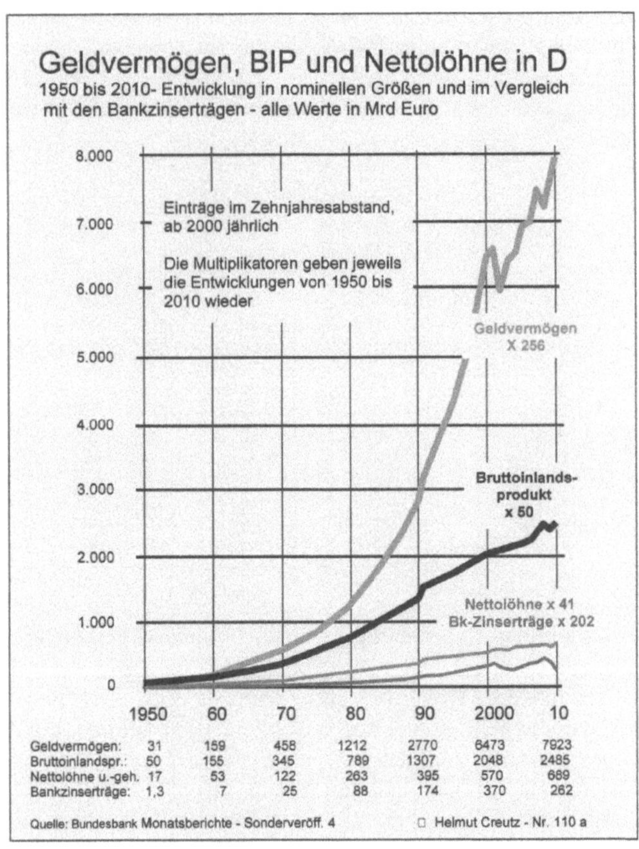

	1950	60	70	80	90	2000	10
Geldvermögen:	31	159	458	1212	2770	6473	7923
Bruttoinlandspr.:	50	155	345	789	1307	2048	2485
Nettolöhne u.-geh.	17	53	122	263	395	570	689
Bankzinserträge:	1,3	7	25	88	174	370	262

Der Erfolgreiche hat auch eine soziale Verantwortung. Viele
wissen das und kommen dieser auf ihre Weise nach. Ich nenne
als Beispiel noch einmal die Familie Deichmann, ich nenne
Gates, Mark Zuckerberg und viele andere, aber die meisten
denken nur an sich selbst. Da ist es die Pflicht des Staates,
darauf zu achten, dass die Schere zwischen Arm und Reich
nicht immer weiter auseinandergeht. Keiner sollte missgünstig
sein und den Erfolgreichen nicht eine Besserstellung gönnen,
aber es ist nicht vertretbar, dass jemand, der viele Millionen

72

oder gar Milliarden verdient, den gleichen Steuersatz oder einen noch viel niedrigeren hat als jemand, der 60.000 im Jahr verdient. Die Vergangenheit hat gezeigt, dass die etablierten „Volksparteien" hier in keiner Weise eine vernünftige und gerechte Einkommenspolitik betreiben. Erst wenn der Bürger über direkte Mitbestimmung durch die direkte Demokratie verfügt, wird sich etwas daran ändern. Um noch einmal die Einkommenspolitik der etablierten „Volksparteien" darzustellen, nachfolgend noch einmal die Steuerentwicklung.

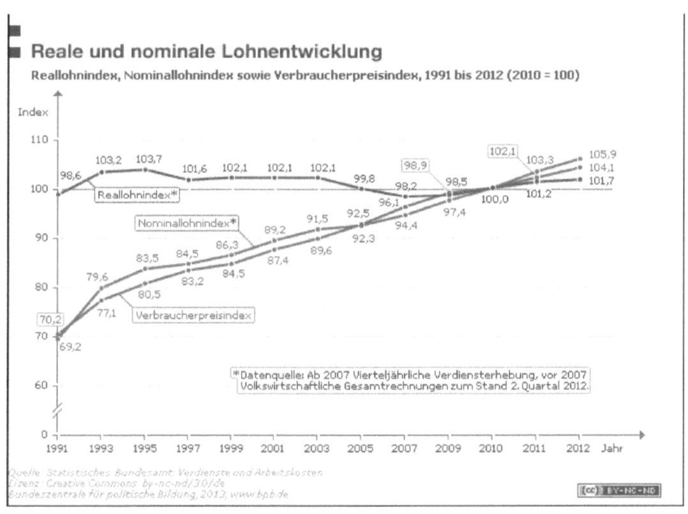

– 1997: Wegfall der Vermögenssteuer

– Senkung des Einkommensteuerhöchstsatzes von 95% im Jahr 1950 auf heute 42%

– Von 1998 bis 2005 Senkung der Einkommensteuer von 53% auf 42%

– 2008: Körperschaftssteuer von 25% auf 15% gesenkt

– 2008: Senkung der Kapitalertragssteuer auf 25%

Damit wurden den Vermögenden Steuersenkungen zugeschustert, die erhebliche Vermögenszuwächse mit sich brachten.

Wie man der voranstehenden Tabelle entnehmen kann, hat dagegen der normale Arbeitnehmer von 1993 bis 2012 eine Reallohnsenkung von 1,5% hinnehmen müssen. Da wundert es nicht, dass die Vermögen sich immer weiter zu Gunsten der Vermögenden verschieben. Sie können einer weiter unten angeführten Statistik entnehmen, dass ein Zehntel der Bevölkerung 61,1% des Vermögens besitzt.

Es wäre an der Zeit, etwas für den Normalbürger zu tun, beispielsweise Wohneigentum zu schaffen. Wie der Tabelle oben zu entnehmen ist, liegt Deutschland hier mit 53% ziemlich am Ende (ich zweifle allerdings auch noch an dieser Angabe). Bei dem heutigen Zinssatz wäre es durchaus möglich, für den Normalbürger mehr Wohnungseigentum zu schaffen. Ich habe dies an anderer Stelle näher ausgeführt.

Während die Etablierten (die Politiker und deren Umfeld) sich alles erlauben können, wird der normale Bürger behandelt wie ein Leibeigener. Wenn es einem Politiker in einem Land gerade mal gefällt, verbietet man das Rauchen in einer Kneipe, was man in einem anderen Bundesland dann wieder darf. Eine Bevormundung der Bürger nach Lust und Laune der Politiker. Heckenschützen der Polizei zocken den Bürger mit Geschwindigkeitsübertretungen ab an Stellen, wo es keinerlei Grund dafür gibt. Auf Rückfrage erfährt man, dies sei zur Disziplinierung der Autofahrer gedacht. Diese Willkür von Staatsdienern dürfen die Bürger nicht länger ausgesetzt sein. Eine Veränderung dieser ungerechten Politik wird es nur geben, wenn durch direkte Demokratie eine volle Mitbestimmung des Volkes geschaffen wird.

Ich habe die Verschwendung durch drei krasse Beispiele angeprangert, das ist aber nur ein Bruchteil dessen, was in unserem Staat verschwendet wird. Verschwendung und Korruption gibt es jeden Tag, aber wie es sich so gehört, hat man in einem demokratischen Land „Kontrollmechanismen". Kontrollmechanismen, das sind bei der Exekutive die Rechnungshöfe, der Kontrollmechanismus der Legislative ist das

Verfassungsgericht. So etwas braucht man zu einer demokratischen Rechtfertigung, und das sind sie auch: lediglich Rechtfertigungseinrichtungen. So habe ich Sarazins Kommentar in seinem Buch *Deutschland braucht den Euro nicht* verstanden. Sarazin fragt dort den Leiter des Verfassungsreferates, Ministerialrat Schäfer: „Sagen Sie einmal, Herr Schäfer, nach welchen Maßstäben bilden Sie eigentlich Ihr Urteil, wenn Sie so eine verfassungsrechtliche Beurteilung schreiben?" „Tja", antwortete der, „ich überlege mir, wie das BVG voraussichtlich entscheiden wird." „Und nach welchen Maßstäben bildet das BVG sein Urteil?" „Die gucken auf den Bundesrat." „Was heißt das?" „Ganz einfach, ist der Bundesrat bei knapper Mehrheit gespalten, dann ist die angestrebte Gesetzesänderung wahrscheinlich verfassungswidrig. Ist aber der Bundesrat mit breiter Mehrheit für die Verfassungsänderung, dann ist sie wahrscheinlich verfassungsmäßig." Das sagt genug aus.

Die Rechnungshöfe haben sozusagen die Aufgabe, eine Kontrollfunktion auszuüben, allerdings mit keinerlei Kompetenzen für eine Veränderung, ein Einschreiten, eine Sanktion oder sonst etwas. Entsprechend fallen die Berichte über noch so obskure Dinge meist moderat aus. Allerdings laufen solche Berichte auch manchmal aus dem Ruder, das hat dann oft negative Konsequenzen. Ich kann mir vorstellen, dass so mancher Mitarbeiter die Ohnmacht und Sinnlosigkeit seiner Arbeit auf den Senkel geht, dann vergisst er, für wen er arbeitet oder „kontrolliert", und lässt die Sau raus. Das kann er sich allerdings nicht so oft leisten. Kritiker unseres Systems leben gefährlich, fragen Sie einmal Sarazin, Köhler, Sinn, Henkel, Merz, Lafontaine, Lucke, um nur einige zu nennen. Man versucht sie zu demontieren, auf unterschiedlichste Weise. Gegebenenfalls werden sie auch entsorgt. Es ist nicht anders als in einem sozialistischen Staat oder in anderen undemokratischen Staaten.

Wollte man an der Inkompetenz der „Kontrollorgane" etwas ändern, müsste man die eigenen Parteigenossen bestrafen oder entfernen, das will keiner, weder in einer sogenannten Demokratie noch in totalitären Systemen.

Wollte man ein wirkliches Kontrollsystem schaffen, müsste man wirtschaftliche Denk- und Arbeitsweisen einbringen und realisieren. Es müsste eine parteiunabhängige Besetzung geben.

Aber wer will das schon in unserem System, solange keiner aufmuckt, solange in diesem Staat alles schöngeredet werden kann, wird sich nichts ändern.

Würde hier nach wirtschaftlichen Gesichtspunkten verfahren, ich garantiere, die Korruption würde gewaltig eingedämmt, die Verschwendung würde drastisch verringert werden und eine sicherlich 10%ige Personaleinsparung wäre die Folge. Dieses Personal könnte dann eingesetzt werden, wo es Personalnot gibt, beispielsweise in Finanzbehörden und bei der Polizei. Die Korruption und Verschwendung in unserem Land würde drastisch eingeschränkt werden, es gäbe statt Korruption Verschwendung und statt Verschuldung gewaltige Haushaltsüberschüsse, die es möglich machten, die Zukunft unserer nachfolgenden Generation positiver zu gestalten, die Renten zu sichern, Wohnraumeigentum breiter zu streuen sowie die Armut im eigenen Land einzudämmen.

Aber in unserem Land hat keiner Interesse daran, eine solche Veränderung würde nur durch eine echte Mitbestimmung, nämlich eine direkte Demokratie möglich sein. Die bestehenden Kontrollinstanzen der Rechnungshöfe sollten nicht durch die Parteien, sondern durch die Industrie- und Handelskammern besetzt werden. Hier müssten fachlich geschulte, unabhängige Kommissionen eingesetzt werden. Dafür könnte man sicher viele aus dem Wirtschaftsleben ausgeschiedene, kompetente Fachleute gewinnen. Zusätzlich müssten Schiedsstellen eingerichtet werden, die Vergehen von Mitarbeitern des Staates mit Sanktionen ahnden.

Das Verfassungsgericht müsste durch parteiunabhängige Richter und nicht durch von Parteien bestimmte Personen besetzt werden, auch für Rundfunk und Fernsehen, in den Rundfunkrat müssten ausschließlich parteiunabhängige, neutrale Personen oder Persönlichkeiten geschickt werden, die direkt vom Volk gewählt werden. Aber das wird es nicht geben, solange dieser Parteienstaat in der jetzigen Form besteht, solange es keine Volksherrschaft gibt, bei der der Bürger die Macht hat und sie ausüben kann, solange es keine direkte Demokratie gibt.

Natürlich ist es in dem jetzt bestehenden System leichter, unterzuschlüpfen, sich eine Berechtigung zu verschaffen, unnötige Posten zu besetzen, je größer die Schar der Bediensteten ist, umso leichter findet man Unterschlupf. Deshalb ist es heute so schwierig, im Personalbereich abzubauen.

Dies geht nur unter Bedingungen wie in einem Wirtschaftsunternehmen. Da liest man von Zeit zu Zeit, Siemens baue 5000 Stellen ab oder Krupp tausende von Stellen. Da werden Wirtschaftsprüfungsunternehmen eingesetzt, um die Effizienz des Unternehmens zu steigern. In unserem Parteienstaat passiert dergleichen nicht, mangelnde Kontrolle, mangelnde Rationalisierung, grenzenlose Verschwendung haben unseren Staat in die Verschuldung geführt. Für Menschen, die in der freien Wirtschaft tätig sind, ist das alles nicht nachzuvollziehen, es ist Dilettantismus.

Und doch gibt es so manche Gemeinde, bei der nach wirtschaftlichen Gesichtspunkten gehandelt wird. Allein in Nordrhein-Westfalen gibt es 20 schuldenfreie Gemeinden. Das geht nur, wenn man nach wirtschaftlichen Gesichtspunkten arbeitet. Eine solche Vorgehensweise muss natürlich bestraft werden, sonst macht das noch Schule. Weil die nun so gut wirtschaften, müssen sie den schlecht Wirtschaftenden was abgeben. Anders ist es nicht möglich, die Leute auf Kurs zu bringen, eben so, wie es in einem Parteienstaat üblich ist: unwirtschaftlich.

Ein kleines Beispiel, wie man es bei uns machen muss: Herr Wowereit bietet seinen Berlinern kostenlose Kindergartenplätze an. Dafür bekommt er über den Länderfinanzausgleich von Bayern Geld. Wie vorbildhaft ist das denn? Ich möchte als ein Beispiel für wirtschaftliche Handlungsweise einen Ortes in NRW anführen, der inzwischen 20 Jahre schuldenfrei ist, es ist Raesfeld. Als der Wunsch der Bewohner aufkam, man solle ein eigenes Schwimmbad bauen, wandte sich der Bürgermeister der Gemeinde an den Nachbarort Borken. Er vereinbarte, dass die Bürger seines Ortes das Schwimmbad dieser Gemeinde mitbenutzen durften, und man stellte für die Fahrten dorthin kostenlos einen Bus zur Verfügung. Aufwand meines Wissens nach: ca. 25.000 Euro jährlich. Die Gemeinde sparte dadurch Investitionen in Millionenhöhe und jährliche Nachfolgekosten von ca. 100.000 Euro. Das Bad in Borken arbeitet dadurch rentabler.

Wie es den Anschein hat, will man von Seiten unseres Staatsapparates keinerlei Veränderungen, sie könnten zu Nachteilen für Parteigenossen führen. Jegliche Versuche, Sanktionen gegen untreue Politiker festzulegen, wurden bisher unterbunden, das weltweite Korruptionsabkommen, das von 140 Staaten unterzeichnet wurde, wurde von Deutschland jahrelang nicht ratifiziert. Meines Wissens wurde aus der Schar der korrupten Politiker lediglich einer verurteilt.

Was ist das für eine Demokratie, bei der mit zweierlei Maß gemessen wird? Jeder, der die Missstände in unserem Staat kritisiert, setzt sich einer Kampagne aus. Jeden, der Kritik an dem bestehenden Parteienstaat übt, versucht man mundtot zu machen. Herr Henkel hat das in seinem Buch *Rettet unser Geld* sehr gut beschrieben. Und doch ist die insgesamt noch recht magere Kritik erstaunlich, weil sich eine ganze Reihe von renommierten Wirtschaftlern mit den Gründen für die Verschuldung auseinandergesetzt hat. Ich habe allerdings bisher nur von den Verschuldungsgründen gelesen, nicht aber von den Konsequenzen daraus, also den Lösungen, wie man die Verschuldung beseitigen kann. Dies kann daran liegen, dass man Angst davor hat, weil man sich damit Feindschaften schaffen würde, nämlich von Seiten all jener, die von der bestehenden Situation profitieren. Aber jeder Wirtschaftswissenschaftler, jeder Unternehmer, jeder Manager eines Unternehmens, jeder Wirtschaftsprüfer weiß, dass ein Unternehmen in der Wirtschaft nur überleben kann, wenn es sich ständig selbst kontrolliert und überprüft, wenn es nach Rationalisierungsmöglichkeiten sucht. Es geht nichts ohne Controlling. Kein Unternehmen würde überleben, wenn es so geführt würde wie unser Staat. Also muss man für den Staat gleiche Maßstäbe ansetzen wie in der freien Wirtschaft. Das sind Maßnahmen, die von den jetzt regierenden etablierten Parteien niemals vollzogen werden könnten, weil sie einen großen Teil der Parteigenossen betreffen, für die Pfründe wegfallen würden, weil man sich einer solchen Kontrolle nicht unterziehen will, auch, weil man nicht glaubt, dass man gezwungen werden kann, diese Veränderungen zu vollziehen. Man ist sich sicher, dass jede aufkeimende Kritik erstickt wird, denn die Kritiker kommen ja kaum zu Wort. Die Meinung darüber wird über Rundfunk, Fernsehen und andere Medien übermittelt und in den Menschen festgesetzt. Es gibt nur wenige kritische Sendungen, aber auch in diesen kommen fast ausschließlich Leute zu Wort, die dem Staatsapparat unkritisch gegenüberstehen. Alles ist gut verpackt, überzeugend reden können Politiker, man bringt dazu den eigenen, moderaten Kritiker mit ein (Beispiel Bosbach).

Europa

An ein vereintes Europa als Wirtschafts- und Währungsunion glauben nur Träumer und Phantasten.

Natürlich träumen Politiker davon, denn es schafft neue und noch lukrativere Ruhestätten für sie.

Es gibt weder eine Vision noch ein Konzept für solch ein Gebilde, es gibt in der Welt auch kein gleichartiges Konstrukt.

Europa ist der Wunsch der Politiker, etwas zu schaffen, was politisch und wirtschaftlich etwas darstellt und Größe hat, in der Welt mitsprechen kann. Vielleicht auch der Wunsch der Amerikaner nach einem Prellbock gegenüber dem Erzfeind Russland.

Schauen wir uns einmal an, was bisher daraus geworden ist.

Ein Gebilde aus 28 Staaten, mit 23 unterschiedlichen Amtssprachen, mit krassen wirtschaftlichen Unterschieden, mit extrem unterschiedlichen Interessen, mit fehlender Solidarität. Jeder denkt an sich, Deutschland zahlt.

Wie gesagt, keine Vision, kein Konzept ist zu erkennen, sondern nur Stümperei der Politiker.

Das fängt an mit den unterschiedlichen Aufnahmebedingungen, als Beispiel sei Großbritannien genannt, dem man von Anfang an einen eigenen Status zugestanden hatte. Das zeigt schon, wie viel Solidarität vorhanden ist, nämlich keine. Es geht weiter mit der ungezügelten weiteren Aufnahme von Ländern in die Eurozone, mit deren unterschiedlichsten wirtschaftlichen Voraussetzungen und Mentalitäten.

Mit der Wiedervereinigung war Deutschland für die anderen europäischen Länder zu einer solch starken Wirtschaftsmacht geworden, dass sich alle anderen Länder gern daran anhängen wollten. Auch und gerade Frankreich, das durch den von Hitlerdeutschland ausgelösten Krieg schwer geschädigt worden war, sah in einem europäischen Verbund mit Deutschland sowohl eine Chance, von der wirtschaftlichen Kraft Deutschlands zu profitieren, als auch die Garantie, nicht noch einmal in einen Krieg mit Deutschland verwickelt zu werden. Man spricht davon, dass Frankreich die Zustimmung zur

Wiedervereinigung von Forderungen für die Europäische Vereinigung abhängig gemacht hat. Dies wird sicher vehement abgestritten werden, aber traue keinem Politiker. Mit der wahllosen Aufnahme Griechenlands in den Euro und weiteren krampfhaften Aufnahmen hat man sich in der Zukunft nicht zu lösende Probleme geschaffen.

Bei Ländern mit so unterschiedlichen wirtschaftlichen Voraussetzungen ist eine ausschließlich gemeinsame Währung nicht praktikabel, denn nur über die Möglichkeiten der Wechselkursveränderung ist es wirtschaftlich schwächeren Staaten möglich, zu konkurrieren. Wer sich die Wechselkursentwicklungen in der Vergangenheit zu Gemüte geführt hat, wäre nie auf den Gedanken gekommen, in der EU eine einheitliche Währung zu installieren.

Entwicklung der Währungen

Griechenland

1980	1 US-Dollar	= 39.462 griech. Drachmen
1990	1 US-Dollar	=160.599 griech. Drachmen
2000	1 US-Dollar	=345.000 griech. Drachmen

Portugal

1980	1 US-Dollar	= 48,6 Escudos
1990	1 US-Dollar	= 149,8 Escudos
2000	1 US-Dollar	= 207,5 Escudos

Frankreich

1980	1 Franc	= 0,2385 US-Dollar
1990	1 Franc	= 0,174 US-Dollar
2000	1 Franc	= 0,147 US-Dollar

Spanien

1980	1 ESP	= 0,014824 US-Dollar
1990	1 ESP	= 0,009146 US-Dollar
2000	1 ESP	= 0,005805 US-Dollar

Deutschland hat eine vielseitige, hoch entwickelte Industrie und gibt mit seinem Wirtschaftspotential im internationalen Wettbewerb die Stärke der Währung vor. Länder mit geringerer wirtschaftlicher Stärke, wie Griechenland, Portugal, Spanien erst recht die Ostblockstaaten, können da einfach nicht mithalten. Wie stümperhaft die Verträge der EU gemacht worden sind, zeigt schon einmal, dass es keinerlei Möglichkeiten gibt, ein Mitglied aus der EU zu entfernen. Das musste auch Frau Merkel feststellen, die als erste Reaktion auf die Schwierigkeiten Griechenlands gefordert hatte, Griechenland müsse aus der Eurozone ausscheiden,

In den *Deutschen Wirtschafts Nachrichten* konnte man am 15.9.2013 lesen:

„EZB-Mann enthüllt:

Merkel wollte Griechenland aus dem Euro werfen, Bini Smaghi sagt, dass Merkel lange geglaubt habe, Griechenland könne sicher aus der Euro-Zone entfernt werden. Erst im Herbst 2012 habe sie erkannt, dass der Euro-Austritt eine Kettenreaktion auslösen könnte, die das ganze Eurosystem erfasst. Daher habe sie damals sehr schnell ihre Taktik geändert."

Dann, als sie merkte, dass man die Verträgen vermurxt und etwas vergessen hatte, machte sie sofort eine Kehrtwende. Damit leitete sie einen ihrer größten historischen Fehler ein, nämlich die Rettung der griechischen Banken (ich sage bewusst nicht: Griechenlands) sowie die Aufhebung des Bailout. Eine Nacht-und-Nebel-Aktion, die in drei Tagen durch das Parlament gehauen wurde, die uns Bürger (Definition von Bürger ist Bürgen für den Staat) eine völlig unnötige Haftung von ca. 800 Milliarden einbrachte. Deutschland hatte in den Maastrichter Vertrag in §125 ausdrücklich die No-Bailout-Klausel aufnehmen lassen. Wie gesagt, in einer Nacht-und-Nebel-Aktion, ohne Dich und mich danach zu fragen, wurde sie weggewischt. Das ist unsere heutige Demokratie: Entscheidungen ohne Möglichkeit der Einflussnahme des Bürgers. Deshalb müssen wir dafür sorgen, dass Entscheidungen in der Zukunft nicht mehr ohne Zustimmung, ohne Mitbestimmung der Bürger getroffen werden, deshalb brauchen wir eine echte Demokratie, eine wahre Demokratie nämlich eine direkte Demokratie.

Am 9. Mai 2010 wurde diese Klausel auf Betreiben von

Merkel und Sarkozy aufgehoben und durch §136.3 des Euro-Vertrages, den Euro-Stabilisierungsmechanismus, ersetzt. (ESM). Bei der Klage gegen den Euro-Stabilisierungsmechanismus wurde argumentiert, dies sei nicht eine einmalige, sozusagen punktuelle Vertragsverletzung.

Durch den ESM wird die rechtliche Konzeption, die der Vertrag zur Sicherung der Geldwertstabilität des Euros enthält, durch die in diesem Zusammenhang zu betrachtenden verschiedenen Rettungspakete, auf denen die Europäische Union und die Euro-Mitgliedstaaten das Bailout-Verbot aushebeln, dauerhaft zerstört und durch eine völlig andere Konzeption, eine Haftungs- und Transfergemeinschaft ersetzt.

Das Urteil des Bundesverfassungsgerichtes passt in den Tenor, dass die bisherige Form seiner Besetzung keine Unabhängigkeit garantiere. Vertragsbrüche durch politische Parteien bzw. Regierungen sind an der Tagesordnung. Sie scheren sich einen feuchten Kehricht um Gesetze. Weder die Verwirklichung des Willens des Volkes noch eine Befragung dazu interessiert die Politiker. Es geht ihnen am Arsch vorbei.

Ebenso wie in der Republik verfährt man mit der Einhaltung der Verträge bei der EU.

Es besteht eine Verpflichtung der Länder der Europäischen Union, in die Eurozone einzutreten. Der Beitritt hat zur Voraussetzung, dass die Kriterien, eine Gesamtverschuldung von 60% vom BIP oder eine jährliche Gesamtverschuldung von 3%, eingehalten werden. Dies ist auch die Forderung an die Mitglieder der Eurozone. Nichteinhaltung zieht Strafen nach sich. Für Politiker scheint jedoch ein Gewohnheitsrecht zu bestehen, sich über Verträge hinwegzusetzen. Frankreich und Deutschland, die sich nicht an die Verschuldungsgrenzen hielten, wurden natürlich nicht bestraft und munter halten auch die anderen Länder die vorgegebenen Verpflichtungen nicht ein. Das ganze Konstrukt der Europäischen Union und der Eurozone ist Murx und konzeptlos. Es ist realitätsfremd, es ist lediglich der Versuch von Politikern ohne wirtschaftliches Denkvermögen, etwas zu schaffen, von dem sie zunächst einmal keine genaue Vorstellung haben, bei dem sie allerdings absehen können, dass ihnen ausreichende Pfründe winken.

Und Pfründe spielen für die Abgeordneten der EU meines Erachtens die wichtigste Rolle.

Die reale Entwicklung zeigt, dass das, was hier zusammengebraut wurde, Mist ist, um es mal ganz einfach und verständlich auszudrücken.

Aber wir sind erst am Anfang. Das wird alles noch viel schlimmer. Undirigiert hat man es nun den Kommissaren überlassen, alles in den Ländern anzugleichen. Das ist abermals völlig realitätsfremd. Es ist wieder einmal wie bei der Gestaltung bzw. dem Gestaltungsversuch der EU. Man läuft los, ohne zu wissen, wohin, ohne Führer oder Führung, ohne Konzept. Man setzt sich in einen Zug, fährt los und keiner weiß, wohin. Es ist ein ebenso stümperhafter Versuch wie bei der Gestaltung der EU und der Eurozone. Man sieht nicht über den Tellerrand hinaus. Erstaunlich, dass dieser Krampf grußlos von den Bürgern hingenommen wird. Ein viele Milliarden kostendes Monster wird losgelassen, um uns solch tolle Errungenschaften wie eine neue Glühbirne oder gar SEPA aufzuhalsen, SEPA, das Milliardenkosten verursacht, für die es keinerlei Rechtfertigung gibt. Da schlagen sich nun einige hunderte Millionen Einwohner in Europa in der Zukunft mit Zahlenreihen herum, die sie kaum bewältigen können, mit den dadurch aufkommenden massenhaften Fehlern müssen sich die Banken auseinandersetzen, ohne sichtbare Verbesserung. Doch das ist erst der Anfang des Chaos einer völligen Angleichung von Ländern mit unterschiedlichem wirtschaftlichen Stand, eine Gleichmacherei, die gerade uns schaden wird. Wenn man schon heute Forderungen hört, Deutschland solle seine Exportüberschüsse zurückfahren, muss man sich fragen, wie hirnlos ist das denn? Deutschland hat eine stabile Wirtschaft, die auf vielen Beinen steht. Das Gefasel, Deutschland profitiere von der Europäischen Union, kann man anhand der Entwicklung Deutschlands vor und während der Zeit in der EU überprüfen.

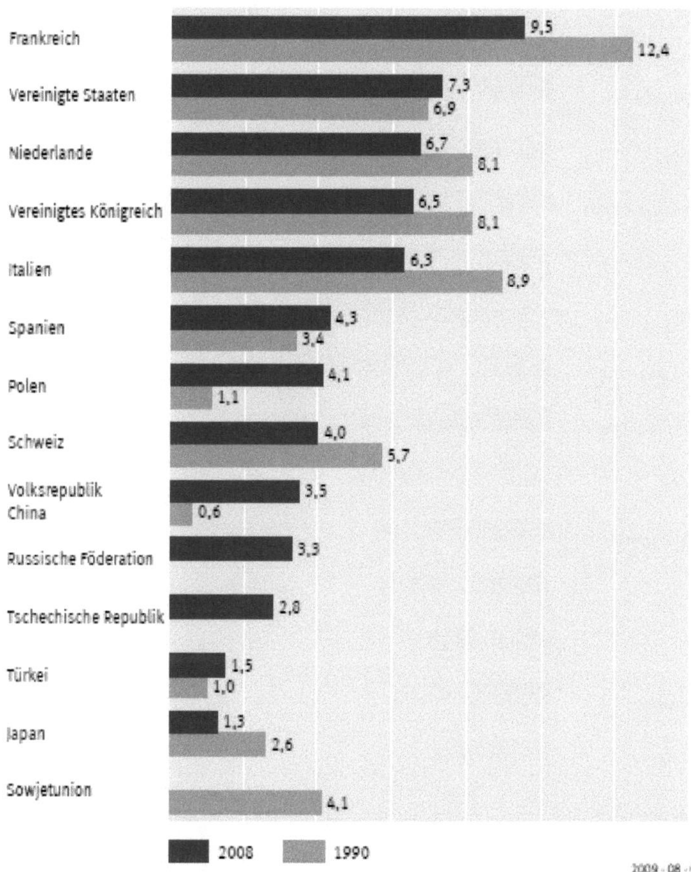

Man wird feststellen, dass es sich um eine kontinuierliche
Entwicklung handelt. Deutschland zahlt erheblich mehr in die
EU ein, als es letztlich zurückbekommt. Dass Deutschland von
der EU durch Einsparung von Zinsen profitiere, ist ebensolcher
Unsinn. Deutschland zahlt wenig Zinsen, weil es eine stabile
und sichere wirtschaftliche Lage und damit ein entsprechendes

Rating hat.

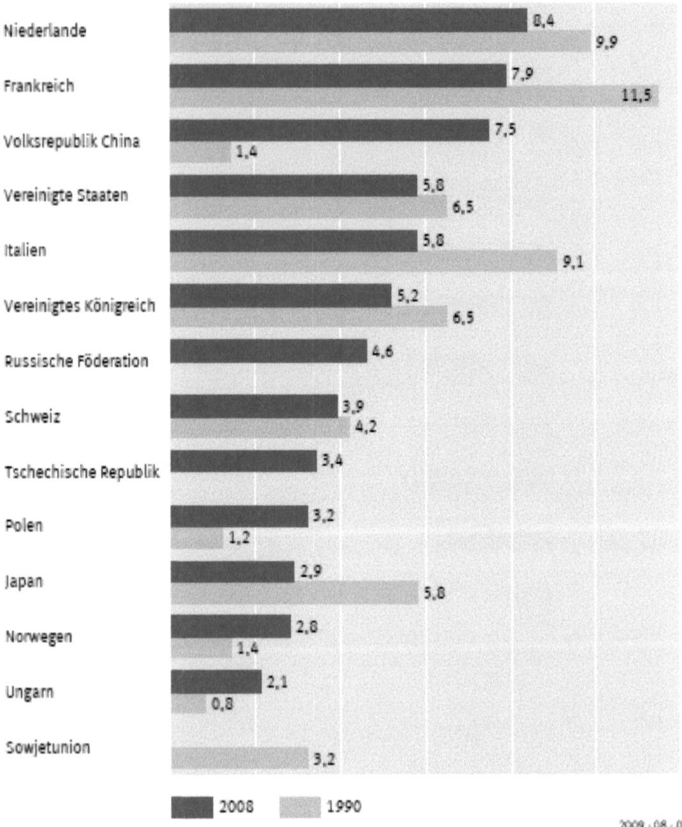

Ob das Land in der EU ist oder nicht, es würde die deutschen
Zinszahlungen nicht beeinflussen. Dass Deutschland von der
EU profitiert, ist ein Ammenmärchen, das Politiker benutzen,
um den Bürgern weiszumachen, dass die EU für Deutschland
eine positive Sache ist. Ich behaupte, ohne die EU wäre

86

Deutschland besser dran. Für den Einwohner ist es natürlich eine schöne Sache, in fast allen europäischen Ländern mit der gleichen Währung bezahlen zu können. Der niedrige Zinssatz bringt allein der Wirtschaft und dem Staat Vorteile. Durch die niedrigen Zinsen werden auch die Belastungen der Kredite und Darlehen für Unternehmen niedriger. Dadurch werden die Gewinne höher. Der Staat kassiert mehr Steuern. Der zweite Vorteil für den Staat ist, dass er für seine hohe Verschuldung erheblich weniger Zinsen bezahlt und dadurch Ausgaben spart. Bei einem Schuldenberg von 2 Billionen Euro macht ein Prozent weniger Zinsen im Jahr 20 Milliarden Euro weniger Ausgaben. Das euphorische Geschrei von der schwarzen Null ist Augenwischerei. Unser Staat wird trotz hervorragender wirtschaftlicher Entwicklung genauso beschissen bewirtschaftet wie vorher. Bei einem normalen Zinssatz wäre die Verschuldung genauso weitergegangen wie vorher, es hat sich nichts verändert. Die anderen EU-Länder schauen schon neidvoll auf die deutsche Wirtschaft und verlangen von Deutschland weniger Exportüberschüsse. Welch schwachsinnige Entwicklung. Das ist ein gefährlicher Wunsch. Nach dem Motto, die Kolonne fährt so schnell wie der Langsamste, schaden solche Wünsche der Gleichmacherei der deutschen Wirtschaft und dem deutschen Volk. Wenn Deutschland in der EU auf ein niedrigeres Niveau gezogen wird, schadet das Deutschland und der EU und sie bleiben hinter dem Wettbewerb in der Welt zurück. Eine solche Solidarität brauchen wir nicht und dürfen sie auch in keinerlei Weise gestatten. Es ist schlimm genug, dass sich Länder wie Belgien und Holland dazu hinreißen lassen, Unternehmen aus Deutschland Niedrigststeuern zu bescheren und damit dem deutschen Staat und dem deutschen Steuerzahler das Geld vorzuenthalten bzw. zu entziehen.

Land	BIP je Einwohner		BIP-Einnahmen		BIP-Ausgaben		Verschuldung	
	2000	2015	2000	2015	2000	2015	2000	2015
Belgien	238,6	454,7	49	51,2	49,1	53,9	108,8	106,3
Deutschland	1955,7	3357,6	45,6	44,6	44,6	44	58,9	71
Frankreich	1372,5	2421,6	49,8	53,2	51,1	56,9	58,4	96,8
Italien	1145,1	1815,8	44,2	47,8	45,5	50,4	105,1	132,6
Spanien	597,1	1199,7	38,1	38,5	39,1	43	58	99
Portugal	118,7	199,1	39,4	43,9	42,6	48,2	47,9	128,8
Griechenland	132,2	195,3	42,9	45,8	47	50	99,8	178,4
Irland	99,9	238	35,7	32,8	30,9	34,4	36,1	95,2
Luxemburg	21,4	57,4	42	43,2	36,3	42,2	6,1	21,8
Niederlande	414	738,4	43,6	44	44	45,9	51,4	67,6
Österreich	197	374,1	48,3	50,3	50,3	51	65,9	86,2
Finnland	125	229,7	53,7	55,1	47	58,5	42,5	62,4
Schweden	259,8	492,6	56	48,4	52,7	49,3	51,3	44,1
Dänemark	164,2	295	54,6	51,9	52,7	53,8	52,4	45,6
Großbritannien	1554,9	2849,3	36,9	35,7	35,8	40,2	38,9	89,3
Norwegen	171,3	389,5	56,9	53,1	41,7	47,7	28,1	27,9
Schweiz	271,9	664,6	33,1	32,7	30,9	33	54,6	45,6

	Importe		Exporte		Arbeitslose		Jugendar-beitslosigkeit	
Land	2000	2015	2000	2015	2000	2015	2000	2015
Belgien	177,1	454,6	187,9	472,3	6,6	8,5	15,3	23,6
Deutschland	496	1207	550,4	1494,6	7,7	5	8,3	7,6
Frankreich	338,1	676,6	326,8	580,5	10,2	9,9	20,5	23,9
Italien	238,8	474,2	240,5	529,9	10,8	12,5	31,3	44,1
Spanien	155,8	358,9	115	324,5	14,2	24,7	26,3	57,9
Portugal	39,9	78,4	24,3	63,9	3,9	14,2	8,5	36,8
Griechenland	33,4	63,8	11,7	36,2	11,1	26,3	28,6	53,9
Irland	50,9	73,1	77,2	118,9	4,3	11,6	6,4	25,8
Luxembourg	11,3	26,7	8,4	19,2	2,3	6,1	6,2	16
Niederlande	217,7	589,4	232,6	672,7	2,7	6,9	5,2	11,1
Österreich	72,2	182	67,5	178,2	3,5	5	5,1	9,2
Finnland	34,4	76,7	46	74,4	9,7	8,6	20,2	19,2
Schweden	72,7	162,2	86,9	164,4	5,9	8	12,1	22,8
Dänemark	45,4	99,3	51,2	110,9	4,5	6,6	6,8	12,4
Großbritannien	347,2	690,5	284,7	505,2	5,6	6,3	12,2	16,7
Norwegen	34,4	89,2	60,1	144,6	3,4	3,4	9,8	8,4
Schweiz	82,5	275,7	80,5	311,2	2,7	4,5	5	8,7

Und ausgerechnet der langjährige Finanzminister Juncker, der diese Praxis jahrelang in seinem Land praktiziert hat, den macht man nun zum Präsidenten der Europäischen Union. Und der arme Kerl hat als Minister überhaupt nichts von dieser Praxis gewusst. Das nimmt man nun grußlos hin. Man nimmt ihm das Vergehen und Vergessen nicht übel, man redet es klein, wie man das so in den Politikerkreisen tut, der Schäuble war schließlich auch so vergesslich, der Kohl nahm sich seinen Blackout und man gestand ihm gegen gesetzliche Vorschriften zu, Schwarzspendengeber nicht zu benennen. Was schert die Politiker Rechtsbruch, für sie ist das Gewohnheitsrecht, aber wehe, es klaut im Supermarkt einer eine Tafel Schokolade, der gehört eingesperrt.

Abb 1.3 **Anteile von Ländergruppen an der deutschen Ausfuhr**
in %

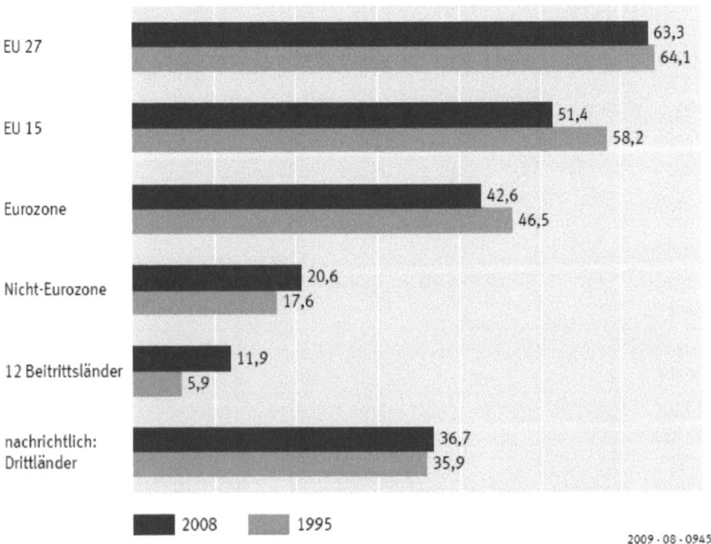

Mangelnde Solidarität erleben wir auch in der Flüchtlingsfrage, bei der Deutschland von den anderen europäischen Ländern im

Stich gelassen wird. Jeder in der EU versucht sein eigenes Süppchen zu kochen und Deutschland spielt die Melkkuh. Deshalb und nur deshalb ist Frau Merkel bei den anderen Staaten so gut angesehen.

Mit ihren chaotischen Fehlentscheidungen wäre sie aus jedem Unternehmen der freien Wirtschaft rausgeflogen.

Die EU ist ein undirigierter, führungsloser Haufen, der durch den Aufbau von bürokratischen Angleichungen zunehmend gelähmt wird und zumindest für Deutschland in der Zukunft vorrangig negative Auswirkungen haben kann, und ich denke, auch haben wird. Es gibt bisher kaum die Möglichkeit eines Regulativs für diese Entwicklung. Die politischen Parteien sehen darin die Chance, für sich und ihre Parteigenossen weitere Pfründe zu schaffen, lukrative Pfründe. Ein aufgeblähter Haufen mit Traumgehältern und Ruhegehältern. Da wundert es nicht, dass die Politiker sich dieses Schlaraffenland erhalten wollen.

Hier müssten Experten ran, die diesen Moloch bändigen und einer sinnvollen Aufgabe zuführen. Hier gilt es, diese Einrichtung so zu dirigieren, dass sie sinnvoll arbeitet, und ihr nicht selbst zu überlassen, welchen Unsinn sie länderübergreifend festlegt.

Aber dieses ganze Chaos ist nicht anders zu erwarten, wenn Politiker am Werk sind, von denen die meisten in der freien Wirtschaft keinerlei Chance hätten, zu bestehen. Als Politiker musst du schwätzen können, überzeugend schwätzen können, und das können die Spitzenpolitiker alle. Egal, wie wenig Sachkenntnis vorhanden ist, ob du je in der freien Wirtschaft gearbeitet oder Erfahrung gesammelt hast, Parteibuch und Reden genügt. Wenn du Theologie studiert hast, reicht das, um als Arbeitsminister tätig zu sein, wenn du Lehrer warst, reicht das, um als Finanzminister tätig zu sein, wenn du Medizin studiert hast, reicht das für das Amt des Bundesministers für Arbeit und Soziales, aber auch für die Leitung eines Heeres, wenn du Rechtsanwalt bist, verstehst du was von Finanzen.

In der freien Wirtschaft musst du, um ein Unternehmen erfolgreich zu führen, Fachkenntnisse besitzen. Um dort einen Betrieb leiten zu können, musst du dein Handwerk gelernt haben, möglichst von der Pike auf, wie man sagt.

Das ist der Unterschied. Das ist der Grund, warum die Wirtschaft so erfolgreich ist.

Den Umkehrschluss überlasse ich Euch.

Wenn ich ein Werk schaffen will, muss ich eine Vision haben, ich muss ein Vorstellung haben, was ich erreichen kann, ich muss über Möglichkeiten nachdenken, wie was zu verwirklichen ist.

All das hat bei der Schaffung der EU und der Eurozone gefehlt, es wurde konzeptlos angefangen und weitergewurstelt. Wenn das Gebilde in der jetzigen Form weiterbetrieben wird, wird es zusammenbrechen, auseinanderbrechen, es wird in Konkurs gehen und Deutschland mit in den Strudel reißen, den deutschen Steuerzahler, der von Frau Merkel dazu verdonnert worden ist, für die Schulden der anderen EU-Länder zu bürgen.

Auch deshalb brauchen wir eine andere Regierungsform als die jetzige, keinen Parteienstaat, der von unfähigen Politikern geführt wird, die sich von Banken, Großkapital und Lobbyisten sagen lassen, was zu tun ist. Wir brauchen eine wahre Demokratie, bei der das Volk entscheidet, wer die entsprechende Kompetenz hat, ein Amt auszuüben, durch fachliche Nachweise der Bewerber und nicht durch Parteibücher oder getürkte Lebensläufe, eine, bei der der Bürger bestimmt, wer Abgeordneter wird, bei der der Bürger grundsätzlich in alle Entscheidungen miteinbezogen wird, wir brauchen eine wahre Demokratie, keine parlamentarische Demokratie, eine echte Demokratie, eine direkte Demokratie, eben eine Volksherrschaft, wie das Wort Demokratie zu definieren ist.

Aus meiner Sicht kann man eine Vision Europa schaffen, bei der machbare, gemeinsame, aber nur gemeinsame Interessen und Notwendigkeiten gebündelt werden können, einen föderalistischen Staatenbund, bei dem der Staatenbund Europa notwendige zentrale Aufnahmen übernimmt, die einzelnen Länder aber weitgehend ihre Selbständigkeit behalten.

Dabei denke ich an einen einheitlichen Auftritt in der Außen- und Sicherheitspolitik, an eine gemeinsame Armee, an Entwicklung und Unterstützung wirtschaftlich schwacher Zonen, an Einschränkung der Arbeitslosigkeit, an gemeinsames

Handeln in der Energiewirtschaft, an gemeinsamen Umweltschutz, an eine gemeinsame Bekämpfung humanitärer Probleme, wie Flüchtlingsprobleme, Hunger in der Welt, Bekämpfung der Armut, Unterstützung bei der Einrichtung von Demokratien und Bekämpfung totalitärer Systeme durch Unterstützung demokratischer Strömungen. Das alles sind Solidaraufgaben. Zur Beurteilung der sogenannten Solidargemeinschaft Europa überprüfen Sie einmal, welche der wichtigen gemeinsamen Solidaraufgaben von der EU davon angepackt wurden, dann können Sie beurteilen, was für eine Solidargemeinschaft Europa ist.

Bei den angepackten Aufgaben, wie beispielsweise Entwicklung und Unterstützung wirtschaftlich schwacher Zonen, muss man einmal überprüfen, welche Erfolge damit erzielt wurden.

Wenn ich von einem führerlosen Vorgehen gesprochen habe, muss ich auch die Geldpolitik ansprechen. Zunächst einmal wurde festgelegt, dass Staaten kein Geld für ihre Schuldverschreibungen bekommen dürfen. Aber nach Adenauers Spruch „Was schert mich mein Geschwätz von gestern" erlaubt man es nun Draghi durch die Hintertür, über die Landesbanken mit einer Umgehung genau das Gleiche zu tun, völlig unkontrolliert, nach seinem Ermessen. Hier hat man nichts mehr im Griff. Einmal ganz abgesehen davon, wer den Verdienst absahnt.

Es ist ein Zinsgewinn für den Nehmer und es ist eine Schädigung anderer EU-Staaten, wie beispielsweise Deutschland, die nicht davon profitieren.

Wenn ich davon gesprochen habe, welche Pfründe sich für Parteimitglieder auftun, dann muss ich auch das Abgeordnetenheer in Brüssel und deren Bezüge ansprechen.

Fangen wir mit den Abgeordneten an: 792 an der Zahl, die sich im besten Fall ca. 18.000 Euro mit allen Nebenbezügen reintun können, deren Grundbezug zunächst aber schon einmal 8.021 Euro brutto, nach Abzügen 6.250 Euro netto beträgt. Für persönliche Mitarbeiter sollen, laut Parteienkritiker Arnim, Bezüge bis 21.000 Euro möglich sein. Der Gesamthaushalt der EU betrug im Jahr 2013 1.790.000.000,00 Euro.

Man muss sich fragen, wofür.

Da kann man dann verstehen, warum alle Parteien die Europäische Union in dieser Form hochloben und daran festhalten wollen. Pfründe ohne Ende.

Banken

Mit dem Finanzmarktstabilisierungsgesetz vom Oktober 2008 schuf man den SoFFin, dem das Schalten und Walten mit dem Rettungsschirm über 480 Milliarden Euro oblag.

Diese Sache wurde gegen das Grundgesetz und sämtliche Urteile des Bundesverfassungsgerichtes der Zuständigkeit des Bundestages entzogen, so Thomas Wieczorek. Typisch für das Demokratieverständnis der großen Parteien ist für ihn, dass der 480-Milliarden-Euro-Check für den SoFFin aus dem Bundeshaushalt ausgegliedert wurde. Am Ende hat es aber doch der Steuerzahler zu tragen.

Die Europäische Zentralbank senkte den Leitzins von 4,25% im September 2008 auf 1% im Mai 2009. Ein Geschenk an die Banken. Man gab vor, damit solle die Konjunktur angeschoben werden. Die Unternehmen sollten billigere Kredite bekommen, doch die meisten Banken dachten nicht daran, die Zinssenkungen auch an die Unternehmen weiterzugeben. Stattdessen verdienen die Banken. Ihre Marge stieg auf schätzungsweise ca. 1,3 Milliarden Euro im Jahr.

Am 3. Juli beschloss der Bundestag die Einführung von Bad Banks. Bei diesen können die Banken hochriskante Wertpapiere abgeben und so ihre Bilanzen davon befreien. Schätzungsweise handelt es sich dabei um Werte in Höhe von 230 Milliarden Euro.

Weil aber die Risikopapiere auf den Finanzmärkten wesentlich weniger wert sind, gibt man der Bank die Gelegenheit, die Differenz in jährlichen Raten bis zu 20 Jahre lang zurückzuzahlen. Die Bank zahlt eine Gebühr für die staatlichen Garantien. Sie darf ihren Vorständen nur noch Jahresgehälter von höchstens 500.000 Euro zahlen.

Für die Landesbanken gibt es ein eigenes Modell. Sie können beim SoFFin eine eigene Anstalt in der Anstalt gründen (AIDA) und darin Risikopapiere, aber auch ganz andere Geschäftszweige auslagern. Ulrich Meier von der Linken dazu: „Die Übernahme der Schrottpapiere der Banken ist an Dreistigkeit (gegenüber dem Steuerzahler) nicht zu überbieten." Das Volumen fauler Wertpapiere wird von der Branche auf 800 Milliarden Euro geschätzt. Wie hoch nun letztlich der Schaden für den Steuerzahler ist, ist nicht abzuschätzen. Hermann Pfeiffer ist der Ansicht, dass man Banken wie die HRE ohne Weiteres pleitegehen lassen könnte, ohne großen Schaden anzurichten. Mit dieser würde zwar eine der größten Pfandbriefanstalten vom Markt verschwinden, doch seien diese Anleihen, da sie mit Hypotheken großzügig abgesichert seien, auch ohne die HRE wertvoll, er resümiert: „Der Staat kann Banken pleitegehen lassen ohne größere Schäden für das System." Da die Gelder für die Bankenrettung nicht direkt aus dem Haushalt bezahlt werden, erscheinen sie nirgendwo. Sie sind vergraben in den Rettungsfonds und Bad Banks. Sie werden den Steuerzahler erst später treffen, ebenso wie die Gelder für die Rettung Griechenlands (bzw. der Banken, die im Besitz von Griechenlands Schuldverschreibungen waren). Die Verluste für den deutschen Steuerzahler belaufen sich nach vorsichtigen Schätzungen auf 50 bis 80 Milliarden Euro. Ein Ende ist nicht abzusehen. Jedes Unternehmen müsste für solche zu erwartenden Verluste Rückstellungen in den Bilanzen machen. Auch die Milliardenverluste für Griechenland finden Sie in keinem Haushalt wieder. Auch das ist eine Schuldenlast, die für den Steuerzahler in der Zukunft zu bezahlen ist.

Griechenland

Das griechische Volk büßt für die Fehler, die ihre Regierungen und die die Europäische Union gemacht haben und die EU weiterhin macht. Der Westen insgesamt, dazu zähle ich die USA und Europa, betreiben eine aggressive Ausweitung ihres Einflussgebietes. Diese Expansionen sind in erster Linie mit wirtschaftlichen Interessen verbunden. Es ist die Tendenz da, in und mit Europa einen sowohl wirtschaftlichen als auch weltpolitisch Gegenpol zu Asien mit Russland, den starken Japanern und den Chinesen zu schaffen. Europa ist dabei, ein potenter Wirtschaftspartner der USA zu werden, dessen Erweiterung auch für die Amerikaner äußerst interessant ist. Die europäischen Politiker sehen nun in einem erweiterten, gebündelten Europa für die Zukunft eine strategische Bedeutung. Für Deutschland könnte dieser Schuss allerdings, aufgrund massiver Probleme in der EU, nach hinten losgehen. Mit der unkontrollierten Aufnahme ehemaliger Ostblockländer in die EU, der Erweiterung der Nato hat Europa zwar den USA einen Gefallen getan, aber nicht sich selbst. Russland hat Deutschland die Hand gereicht, die Wiedervereinigung Deutschlands wäre ohne dessen Unterstützung nicht möglich gewesen, doch unsere Politiker haben Russland in den Arsch getreten. Den Amis war das nur recht. Gelernt hat man daraus nicht viel, auch nicht durch die Pleite nach der Aufnahme Griechenlands. Griechenland ist aufgenommen worden, ohne dass man sich über das Land ausreichend informiert hatte. Nun sind sowohl die südlichen Länder Europas als auch die östlichen Länder nicht mit den mitteleuropäischen und nördlichen Ländern vergleichbar. Die Mentalität der Menschen ist eine andere, die wirtschaftliche Entwicklung ist eine andere, die Administrative ist eine andere. Was bei uns geordnete Verhältnisse sind, dass beispielsweise Grundbücher geführt werden, alle Grundstücke genau vermessen und eingetragen sind, dass es genau vorgeschriebene Steuererklärungen gibt, die auch eingehalten werden müssen und nach denen dann die Steuern bezahlt werden, das gibt es in diesen Ländern bei

Weitem nicht in dieser Form. Man kann weder erwarten noch
voraussetzen, dass die Menschen dort die gleiche Le-
bensphilosophie haben wie wir. Man muss unseren Politikern
vorwerfen, sich nicht genügend informiert zu haben, nicht nur
bei der Aufnahme Griechenland, sondern auch bei der anderer
Länder. Die aufgestellten Kriterien, um in den Euro zu
kommen, reichen nicht aus. Es gibt genug Möglichkeiten, sie
zu umschiffen.

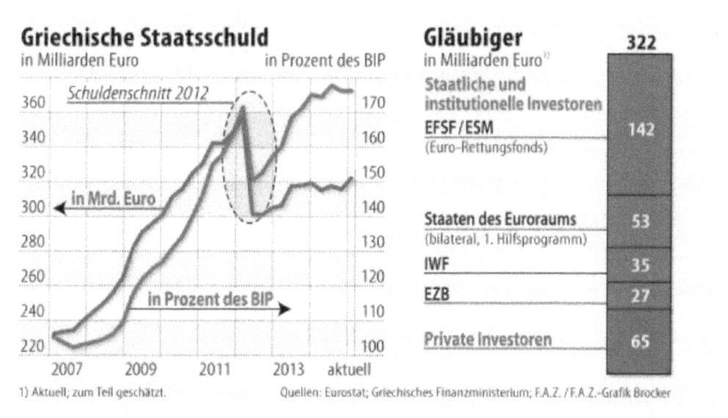

Es gibt Möglichkeiten, dem Euro fernzubleiben, wie wir es im
Falle Schwedens gesehen haben. Auf der anderen Seite gibt es
auch die Möglichkeit, eine Zeit lang die Kriterien auf
irgendeine Weise zu erfüllen, aber die Auswirkungen, die der
Euro auf die Gesamtwirtschaft des Landes hat, zeigt sich erst
nach dem Beitritt. Ein Land wie Griechenland, das Oliven,
Wein und Urlaub hat, doch nur eine verschwindend geringe
Industrie und eine Schifffahrtsindustrie, die sich steuerlich
abgesetzt hat, hat keine Möglichkeit, in der EU mit dem Euro
zu bestehen. Man muss den Politikern vorwerfen, nicht über
den Tellerrand hinwegsehen zu können, woher auch. Allein der
Wegfall der Wechselkurse für Währungen, der über die
Leistungsfähigkeit eines Landes in Bezug auf Absatz und
Wettbewerbsfähigkeit mit anderen Ländern als Regulativ
diente, ist ein gravierender Faktor. Mit dem Wegfall dieses

Regulierungsausgleichsmechanismus verlieren die Länder bei gleicher Währung die Möglichkeit, einen Ausgleich durch Veränderung des Wechselkurses vorzunehmen. Das führt automatisch und unwillkürlich in unterschiedliche Entwicklungen. Es reicht nicht, für zwei Jahre eine Wechselkursbandbreite vorzuschreiben (Divergenz), sondern man muss die Entwicklung der Wechselkurse über Jahre zurückverfolgen. Hier hätte man bei Griechenland geradezu mit dem Finger auf die mangelnde Wettbewerbsfähigkeit zeigen können (aber alles ist bei der EU mit der heißen Nadel gestrickt). Wenn ich eine Eurozone schaffen will, muss ich mir zunächst einmal Gedanken darüber machen, wie ich mit diesen unterschiedlichen Bedingungen und Tatsachen umgehe und was für Regulierungsmöglichkeiten möglich sind. Natürlich ist eine einheitliche Währung in den Ländern angenehm und wünschenswert. Sie ist auch durchaus machbar, wenn man eine zweite Landeswährung hinzunimmt (als Beispiel möchte ich einmal Tschechien anführen, wo es ohne Weiteres möglich ist mit Euro oder Kronen zu bezahlen). Eine Währungs- und Wirtschaftsunion von Ländern mit so unterschiedlichen Voraussetzungen ist unmöglich. Den Europolitikern muss man den Vorwurf machen, sich darüber überhaupt keine Gedanken gemacht zu haben. Man hat sich ins Auto gesetzt und ist losgefahren, aber man wusste nicht, wo die Reise hingeht. Fest steht, dass die bei dem Beitritt von Griechenland vorherrschenden Verhältnisse unwillkürlich in die heutige Situation einer maßlosen Verschuldung führen mussten. Wie leichtfertig die Politiker mit unseren Steuergeldern umgehen, ist erschreckend. Inzwischen ist nach Griechenland außer den horrenden Wirtschaftsunterstützungen, die versandet sind, eine Summe von über 200 Milliarden Euro geflossen, Geld, das die Steuerzahler in der EU, also auch wir zu einem großen Prozentanteil aufbringen müssen. Griechenland hat wieder einen Schuldenberg von 300 Milliarden Euro, ein Haushaltsausgleich ist nicht möglich. Der Zirkus, der jetzt abläuft, wird irgendwann durch die Insolvenz des griechischen Staates beendet sein. Und dann wird wieder ein Schauspiel ablaufen, das belegen soll, dass die griechische Regierung dies verursacht hat. Man wird wieder, wie üblich, von den eigenen Fehlern ablenken, die letztlich aber dazu geführt haben. Das Unvermögen der Politiker zeigt sich am Beispiel Griechenlands in bestechender Form, aber es ist durchgängig. Und für diesen Mist wird keiner zur Verantwortung gezogen, man versucht in der Öffentlichkeit erfolgreich, die Fehler anderer zuzuschieben. Und alle spielen mit, auch die Medien, vielleicht weil sie nichts anderes hören.

Das Gleiche gilt für die Flüchtlingspolitik. Man spricht nicht darüber, dass wieder mal ein grober Schnitzer von Frau Merkel Auslöser dieses großen Dilemmas in Europa war, doch man verweigert nun zum ersten Mal die absolute Gefolgschaft. Die Auswirkungen dieses Fehlers, ausgelöst durch Frau Merkel, sind verheerend, die damit verbundenen Konsequenzen kaum zu kitten. Was muss diese Frau eigentlich noch tun, dass man sie wegjagt? Und das ist das, was man der Presse übelnehmen muss. Ich wehre mich gegen den Ausdruck Lügenpresse, es gibt bei uns keine Lügenpresse, Lügen ist klar zu definieren, man muss Unwahres behaupten. Das wird nicht gemacht. Was unsere Presse und die Medien machen, ist, sie reden schön. Wie im Fall Merkel hätte die Änderung der Haftung im EU-Vertrag nach einem Aufschrei in der Presse verlangt. Sie hat sich moderat verhalten, vielleicht, weil sie nichts anderes von den Politikern gehört hat, sie hat nicht gelogen, sie hat nur stillgehalten, die Presse geht meist moderat mit den Politikern der großen Parteien um.

Ich habe in der Sendung *hart aber fair* gehört, dass 87% der Deutschen direkt mitbestimmen wollen, das Thema hat man seitdem vergessen, die großen Parteien haben es nicht aufgegriffen, also hat die Presse nichts mehr davon berichtet, also musste auch sie das zwangsläufig vergessen. Nochmals, ich wehre mich strikt dagegen, der Presse zu unterstellen, dass sie lügt oder manipuliert. Ich würde allerdings von ihr erwarten, dass sie solche groben Fehler von Politikern, wie Frau Merkel sie gemacht hat – dabei denke ich an den Bailout, an die Griechenland-(Banken-)Rettung und an die Flüchtlingseinladung, die unermessliche Folgen in ganz Europa hat –, nicht unter den Teppich gekehrt werden. Hier wäre es bei so nachhaltigen Fehlern angebracht gewesen, den Rücktritt zu fordern. Aber auch hier muss ich die Presse wieder einmal in Schutz nehmen, vielleicht haben sie ja viel weiter gedacht, vielleicht haben sie darüber nachgedacht, wer denn die Nachfolge übernehmen könnte. Wenn sie darum schweigen, habe ich durchaus Verständnis dafür.

Kommen wir auf Griechenland zurück. Griechenland ist bankrott und was jetzt geschieht, ist allenfalls Konkursverschleppung durch die europäischen Politiker. Darauf steht in der Wirtschaft Gefängnisstrafe. Nun hätten die Politiker noch eine weitere Möglichkeit, man könnte als Dullenbonus für die Dummheit der Politiker bei der Aufnahme Griechenlands in den Euro ein zinsloses Darlehen auf Jahrzehnte zur Verfügung stellen, das man einfach verschwinden lässt, so wie das Geld für die Bad Banks oder das Geld, das von der EU inzwischen für Griechenland ausgegeben wurde, eine sogenannte zweite Buchführung, oder, wie es unter Kohl so üblich war, eine schwarze Kasse. All diese Dinge erscheinen in keinem Haushalt, sie werden outgesourced und sind erst mal verschwunden. Dann kann man Griechenland wieder eine Neuverschuldung von 60% zugestehen, wie sie in der EU festgelegt ist und wie sie inzwischen noch von zwei Staaten eingehalten wird. Um es mit Adenauers Worten zu sagen ...

Verschuldung in der Europäischen Union

Die Staatsverschuldung ist in Europa auch im Jahr 2013 stark gestiegen. Sie betrug in der Eurozone durchschnittlich 92,6% vom BIP aller Mitgliedstaaten. Im Maastrichtvertrag wurde eine Grenze festgelegt: Gesamtverschuldung maximal 60%, Neuverschuldung maximal 3% des BIP. Bei drohendem Verstoß eine Abmahnung, bei Verstoß eventuell eine Geldstrafe bis 0,5% des BIP. Wurde natürlich nicht eingehalten, wurde natürlich nicht abgestraft, sondern 2005 verwässert. Nun durfte es eine Neuverschuldung mit mehr als 3% nur über drei Jahre nicht geben, außerdem ist eine höhere Neuverschuldung möglich. Sie erkennen daran, dass die festgesetzten Verschuldungsgrenzen nicht dem Unvermögen der Politiker entsprechen, sondern dass diese nur ihre Flexibilität unter Beweis stellen wollen. Es ist ein Nachweis über die Qualität der Politiker, Vertragsregeln aufstellen zu können, um sie nach kurzer Zeit wieder über den Haufen zu schmeißen.

Ebenso wie in Deutschland Verstöße gegen das Grundgesetz durch Gesetzesänderungen repariert wurden, ist es auch im EU-Vertrag geschehen. Wenn man Verträge unterzeichnet hat, die man nicht einhalten kann, dann ändert man sie einfach. Übertragen Sie das einmal auf das Zivilrecht, auf Verträge im Geschäftsverkehr. Die Politiker machen einfach, was sie wollen, sie setzen sich über Gesetze und Verträge hinweg. Dem kann nur durch direkte Mitbestimmung und direkte Kontrolle in einer direkten Demokratie abgeholfen werden, weil diese Dinge aufgrund der dort herrschenden Transparenz sofort bekannt werden und damit vermieden werden können.

Die Festlegung der Verschuldung ist durch das BIP festgelegt. Dabei muss man bedenken, dass durch die Festlegung der auf das BIP bezogenen Verschuldung die Verschuldungshöhe proportional immer weiter nach oben geschoben wird. Die Beziehung auf das BIP ist insoweit auch nicht richtig, weil wir auf das BIP unsere Verschuldung nicht zurückführen können.

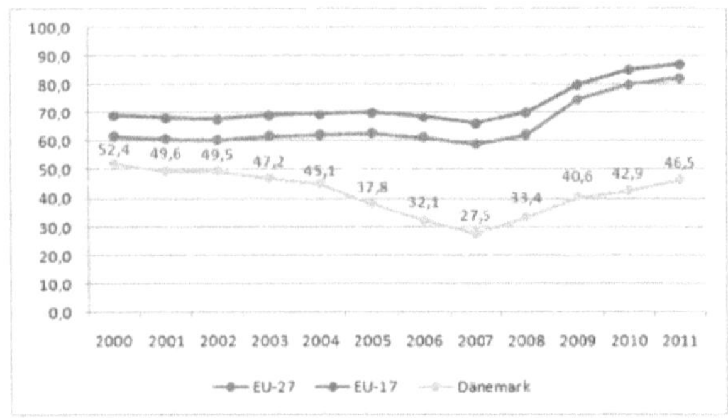

Abbildung 1:   Staatsschulden Dänemarks nach Maastricht-Vertrag zum 31.12. des jeweiligen Jahres im Zeitablauf und im Vergleich zu den EU-17 bzw. EU-27 (in % des BIP)

Quelle: Eigene Darstellung (Daten entnommen aus: Eurostat. Öffentlicher Bruttoschuldenstand (Code: tsieb 090), abgerufen am 24. April 2012)

Zur größentechnischen Einordnung der Pro-Kopf-Verschuldung Norwegens sei auf den "Schuldenstands-Vergleich der EU-Mitgliedsstaaten" verwiesen.

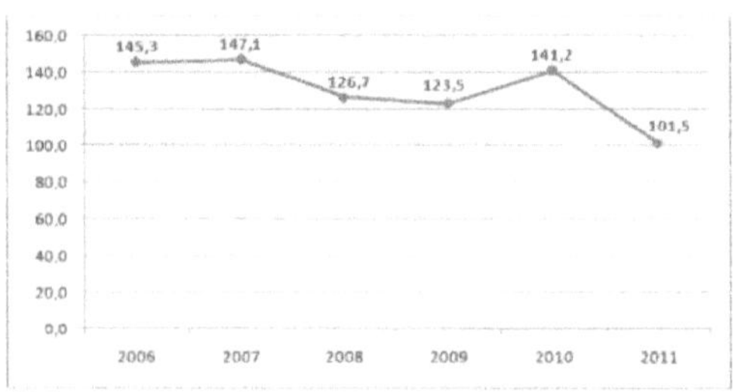

Abbildung 2:   Staatsschulden Norwegens nach Maastricht-Vertrag zum 31.12. des jeweiligen Jahres im Zeitablauf (in Mrd. Euro)

Quelle: Eigene Darstellung (Daten entnommen aus: Eurostat. Öffentlicher Bruttoschuldenstand (Code: tsieb 090), abgerufen am 24. April 2012)

Das BIP ist etwas Anonymes, was sagt es dem Normalbürger schon, dass die Neuverschuldung 3% vom BIP beträgt, wer hat denn was mit dem BIP zu tun? Das ist so harmlos, was interessiert einen das BIP? Man muss dem Bürger mal vor Augen führen, was 3% des BIP in Deutschland sind. Oder wie hoch die Verschuldung ist: Die deutsche Verschuldung betrug im Jahr 2013 nach dem BIP 76,9%, nach den Einnahmen waren es 224%. Das sind im Jahr 2013 Schulden in Höhe von

2.043 Milliarden Euro bei Jahreseinnahmen von 1.223 Milliarden Euro und unsere Verschuldung beträgt 2,0 Billionen Euro. Würden wir jedes Jahr 20 Milliarden Euro davon zurückzahlen, wären wir in 100 Jahren schuldenfrei

Diese Dimensionen muss man sich mal vorstellen. Das haben unsere Regierungen in den letzten Jahrzehnten verbrochen und ich sage verbrochen, weil wir in dieser Zeit ein ständiges Wirtschaftswachstum hatten, was einen ausgeglichenen Haushalt, wie vom Grundgesetz vorgeschrieben, ohne Weiteres möglich gemacht hätte und bei einigermaßen vorsichtigem Umgang mit unseren Steuergeldern ohne Weiteres möglich gewesen wäre. Setzt man die Verschuldung in Relation zu den Einnahmen, kann man natürlich viel besser die Rückführungsmöglichkeiten der Verschuldung plausibel machen oder deren Unmöglichkeit aufzeigen, aber wer will das schon? Dabei sind nicht einmal die Schulden, die wir aus den Bad Banks noch zu bezahlen haben, noch die Schulden, die wir für Griechenland zu bezahlen haben, oder die implizierten Schulden des Staates für Pensionsverpflichtungen etc. berücksichtigt. Da würden dann noch ein paar Billionen dazukommen.

Also kommen wir noch einmal auf die Frage zurück, wie hoch die Kompetenz der Politiker einzuschätzen ist, wenn innerhalb von ein paar Jahren 15 von 17 Staaten gegen die Vertragsvorgaben verstoßen. Das muss ein Aufruf sein, selbst mit tätig zu werden, mitzubestimmen, selbst Entscheidungen zu treffen in einer direkten Demokratie.

Nun ist die Verschuldung ja nicht unbedingt eine von Gott gewollte Sache, wie man so sagt, sondern ihre Ursache liegt bei einem Wirtschaftswachstum wie in Deutschland einzig und allein bei der maßlosen Geldausgabe der Politiker und der Administration, bei Inkompetenz, Unfähigkeit, Ämterpatronage, Verschleuderung, Korruption und Zuschusterung des Geldes an bestimmte Gruppen.

Und leer geht der Normalbürger aus, der mit seiner Arbeitskraft für das Wirtschaftswachstum gesorgt hat. Das sind typische Folgen des Kapitalismus. Die einmal ins Auge gefasste soziale Marktwirtschaft hat mit der Ausbeutung der dies erwirtschaftenden größten Volksgruppe, nämlich der Arbeitnehmer, beim besten Willen nichts zu tun.

Dass diese Verschuldung nicht zwangsläufig ist, zeigen Länder wie Norwegen, Schweden und Dänemark. Diese Länder waren schlau genug, nicht der Eurozone beizutreten. Dänemark befindet sich derzeit im Stadium des Aufnahmezustandes und der Aufnahmeverpflichtung, versucht aber, draußen zu bleiben.

Während die **Euroländer von 2010 bis 2014 eine Neuverschuldung von 8,28% des BIP** aufwiesen und ihre Verschuldung um **1,319 Billionen Euro zunahm, senkte Dänemark von 2000 bis 2014** seinen Schuldenstand **von 52,29% auf 45,28%, Schweden von 49,06% auf 42,51%, Norwegen von 98,94% auf 92,01% und die Schweiz von 54,06% auf 45,6% des BIP.**

Betrachtet man die Neuverschuldung der Euroländer von 2000 bis 2014, kommt man zu folgendem Ergebnis:

Während in Nicht-Euroländern wie Dänemark und Schweden und in Nicht-EU-Ländern wie Norwegen und der Schweiz von 2000 bis 2014 die Verschuldung zurückging, stieg in den Euro-Ländern die Verschuldung im gleichen Zeitraum um 1,35 Billionen Euro und die der EU um 2,12 Billionen Euro, das sind

2 120 000 000 000,00 Euro.

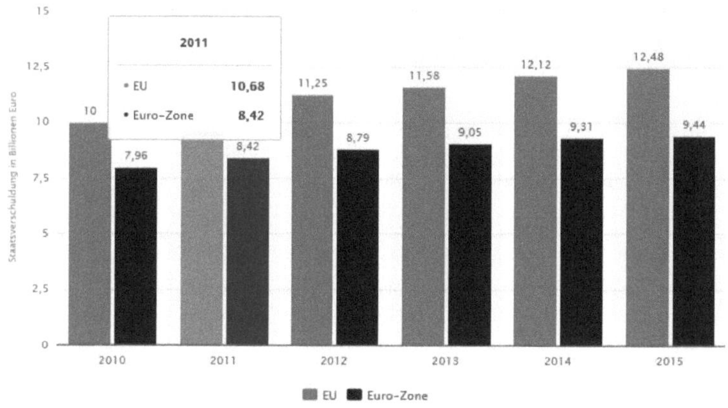

Geld und Vermögen wandern in alle anderen Kanäle, nur nicht in die von denen, die es erwirtschaften, die der Normalbürger. 15.000 Lobbyisten haben sich mittlerweile in Brüssel niedergelassen, um der EU das Geld für alle möglichen Nutznießer aus der Nase zu ziehen. Sie erarbeiten für die EU-Administration Verordnungen und Gesetze, um dann selbst davon zu profitieren. Allein die Unterhaltung dieser Lobbyisten kostet Milliarden Euro. Als Gegenleistung holen sie für ihre Interessenvertreter viele Milliarden heraus, die letztlich wieder der Bürger bzw. der Steuerzahler bezahlt.

Der, der dabei auf der Strecke bleibt, ist der Normalbürger, der keine Lobby hat.

Wenn wir schon über die Verschuldung sprechen, müssen wir natürlich auch das Europäische Parlament und die Europäische Kommissionen miteinbeziehen. Wenn schon die Führungsriege so viel Mist produziert, was kommt dann erst durch die Kommission auf uns zu, die unsinnige Umstellung auf SEPA, die viele Milliarden verschlungen hat, ist erst der Anfang. Wenn wir nicht schleunigst Mittel und Wege finden, diesen Wahnsinn zu stoppen, werden wir daran ersticken. In Brüssel wird eine neue Geldvernichtungsmaschine aufgebaut, die unkontrolliert vorwärtsmarschiert. Nimmt man einmal die Kosten, die durch die 792 Abgeordneten und die ganze

Maschinerie, die daran hängt, entstehen, ergibt sich allein für 2012 ein jährlicher Haushalt von mehr als 1,7 Milliarden Euro. Natürlich ist das für die, die in Brüssel arbeiten und erheblich mehr verdienen als bei uns, ein Schlaraffenland, dessen Notwendigkeit von allen Politikern verteidigt wird. Es sind die besten Pfründe für die Parteien.

Die Änderung des §125 des EU-Vertrags über die Haftung für die Schulden anderer europäischer Staaten bringt Deutschland und damit den deutschen Bürger in die Situation, bei einem Zusammenbruch der Weltwirtschaft, oder auch der Staaten der EU, in welcher Form auch immer, ausgelöst durch was immer, als Bürge in Anspruch genommen zu werden. Und das wird unausweichlich kommen. Macht Griechenland Pleite, zahlen wir 28% der Schulden.

Ich möchte noch einmal darauf aufmerksam machen, dass wir als Bürger für die Schulden, die der Staat in unserem Namen macht, bürgen. Jeder deutsche Bürger, jedes als Deutscher geborene Kind hat ca. 25.000 Euro Schulden, die der Staat in seinem Namen gemacht hat, dafür kann er zur Kasse gebeten werden. Sie werden einsehen: Wir alle müssen etwas tun, damit diese Entwicklung gestoppt wird und es nicht so weitergeht. Wir können dies nur, wenn wir selbst alles mit in die Hand nehmen, wenn wir unser Recht auf Mitbestimmung wahrnehmen und die Missstände in unserem Land beseitigen. Wir können es, wenn wir wollen, wenn wir bereit sind, mitzuarbeiten, mitzuentscheiden, wenn wir durch die direkte Demokratie alles selbst mitbestimmen wollen. Wir müssen es, sowohl in unserem eigenen Interesse als auch im Interesse unserer nachfolgenden Generationen, tun.

Um- und Um*fair*teilung

Eine gerechtere Verteilung kann man von den bestehenden etablierten Parteien nicht erwarten. Sie wird nur kommen, wenn die Bürger bei allem mitbestimmen können.

Wir haben gesehen, dass gerade in der Zeit der rot-grünen Regierung der Einkommensteuersatz für die Besserverdienenden und Reichen von 55% auf 42% gesenkt wurde. Ein Steuersatz, der vor 1950 noch über 90% lag. Wir haben gesehen, dass die Senkung der Kapitalertragsteuer auf 25% in einer Zeit der großen Koalition geschah. Während dieser Zeit sind die Reallöhne nicht gestiegen, sondern im Gegenteil gefallen. Die Reichen sind noch reichlicher belohnt worden, während der Normalverdiener draufgezahlt hat. Ich frage Sie: Werden Ihre Interessen durch diese Parteien vertreten oder nicht? Offensichtlich nicht.

Sie werden nicht vertreten, Sie werden nach Strich und Faden verarscht.

Nur wenn der Bürger seine eigene Interessenvertretung durch Mitbestimmung in einer direkten Demokratie erreicht, werden seine Interessen vertreten werden. Da es dies bei den etablierten Parteien ohne Zwang nicht geben wird, muss eine Volksvertretung gegründet werden, eine Partei, die durch direkte Einflussnahme des Bürgers auch seine Interessen vertritt. Diese kommt nicht von alleine, sie bedarf eines Initiators und vieler Menschen, die gewillt sind, zum Wohl der Allgemeinheit an dieser Einrichtung und deren Gelingen mitzuarbeiten.

Mit Almosen, kleineren Wahlgeschenken wie beispielsweise dem Rentenausstieg mit 63 oder der Riesterrente, halten sich die etablierten Parteien an der Macht. Wobei dies wieder einmal eine Verarsche war, Schröders Idee der Riesterrente hat nur einen reich gemacht, nämlich Maschmeyer. Dafür konnte er eine Wahlkampfspende in Höhe von 650.000 Euro von Maschmeyer einsacken, die diese locker aus den eingeheimsten Provisionen abführen konnte. Erst später stellte sich heraus, dass dem Rentner später bei seiner Versorgung die Riesterrente

mit aufgerechnet wird. Eine solche Handhabung muss verändert werden, sie darf sich nicht wiederholen. Wir müssen ein Um*fair*teilen und ein Umdenken vornehmen. Beispielsweise durch eine Förderung des Eigentums an Wohnungen und Hausbesitz. In Zeiten des Niedrigzinses gibt es keine bessere Alterssicherung für einen großen Teil der Bevölkerung. Mit einem angeblich 50%igem Wohnungs- oder Hausanteil liegt Deutschland trotz unserer hervorragenden Wirtschaftsentwicklung in der Wohnungseigentumsskala nur im Mittelfeld. Hier müsste zunächst einmal eine Um*fair*teilung vorgenommen werden, deren Grundzüge ich einmal darlegen will.
Wenn einer Miete zahlt, verdient immer ein anderer mit, eben der, dem die Wohnung gehört. Früher waren das meist Wohnungen, die Gesellschaften gehörten, an denen häufig die Städte mitbeteiligt waren oder große Genossenschaften. Inzwischen sind die Wohnungen aber zu einem Spielball von Spekulationsgeschäften geworden, was sich in explodierenden Wohnungsmieten widerspiegelt. Eine andere Rechtfertigung für die laufend starken Mieterhöhungen bei Altbauten gibt es nicht. Ich kann hier aus eigener Erfahrung sprechen. Ich habe vor fast 20 Jahren einige Mietwohnungen gebaut. Ohne die Miete bis heute erhöhen zu müssen, ist dies immer noch eine rentable Geldanlage. Man könnte sowohl über den Bau von Neubauwohnungen als auch über eine Um*fair*teilung auf größere Teile der Bevölkerung ein Modell der Beteiligung und Alterssicherung schaffen. Der Bau einer Wohnung belastet diese zunächst einmal mit ca. 3,30 bis 3,50 Euro pro Quadratmeter (so die Verhältnisse in einer durchschnittlichen Wohngegend in Essen). Die Differenz zum üblichen Mietsatz ist die Tilgung der Baukosten. Der Staat könnte hingehen und gegenüber der Bank haften, so wie er bei den Bad Banks für die Banken haftet. Ohne Geld ausgeben zu müssen, könnte er eine breitere Streuung des Eigentums schaffen. Dies ist sogar bis zum Bau von Eigenheimen möglich. Man könnte Wohnungsbaugesellschaften in Privateigentum umwandeln, mit geeigneten Entschädigungen.
Doch fragen Sie sich: Wer denkt an und für den Normalbürger? Die Antwort: Keiner, weil er keine Lobby hat.

Solche Denkmodelle wird es geben, wenn der Bürger sich selbst vertreten kann in einer direkten Demokratie, bei der er mitbestimmen kann.

Wenn man sieht, was der Staat mit der Energiewirtschaft gemacht hat, bestätigt sich wieder einmal, dass der Normalbürger keine Lobby hat und vom Staat nach Strich und Faden übers Ohr gehauen wird. Er wird schlichtweg verarscht. Un*fair*teilung wurde auch beim Energieerneuerungsgesetz betrieben. So wurde den Haushalten von den Politikern der Großteil der Subventionskosten für die alternativen Energien aufgehalst.

Von 2000 bis 2012:
- ist der Haushaltspreis für Strom von 0,14 auf 0,26 Cent gestiegen,
- ist der Industriestrompreis von 0,05 auf 0,12 Cent gestiegen
- und für begünstigte Unternehmen von 0,02 auf 0,05 Cent gestiegen.

Einer Preissteigerung
- von 3 Cent pro Kilowattstunde für preisbegünstigte Unternehmen und
- von 7 Cent bei Industrieunternehmen
- standen 12 Cent für die Haushalte gegenüber.

Staatliche Sonderlasten betrugen 2013 14,42 Cent pro Kilowattstunde für Haushalte, für die Industrie 7,26 Cent pro Kilowattstunde.

Auch das Energieerneuerungsgesetz war eine Verarsche für den Bürger. Mit den EEG-Umlagen werden in erster Linie große Wind- und Solaranlagen 20 Jahre lang subventioniert (zum großen Teil vom Bürger). Diese vom Bürger finanzierten Anlagen sind in 20 Jahren abgezahlt und gehören dann wiederum in erster Linie Großanlegern, also den Vermögenden in diesem Staat (noch mal beschissen).

Was kann man nun mit Politikern machen, die immer wieder die Vermögenden bevorteilen und den Normalbürger dafür zur Kasse bitten, die die Schere zwischen Arm und Reich immer größer werden lassen, die in Deutschland eine immer größere

Anzahl von Menschen an und unter die Armutsgrenze bringen, die die Renten auch noch besteuern?

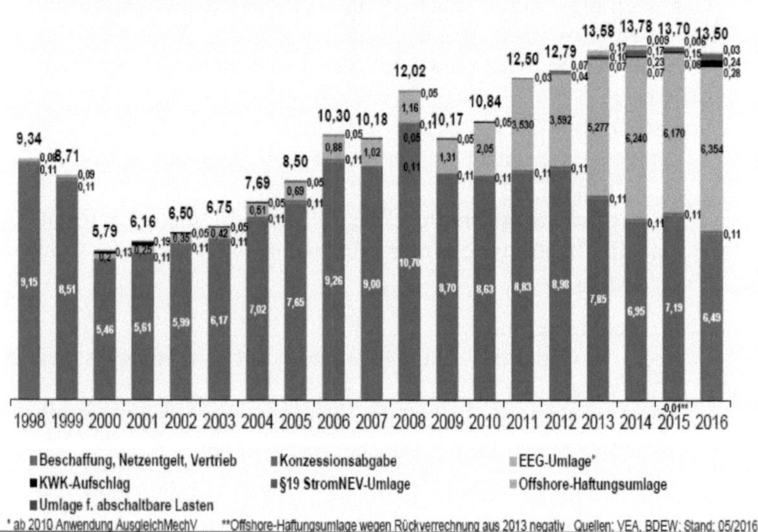

Die Leute, die in die Rentenkassen einzahlen, sind die, die am meisten von unseren Politikern beschissen worden sind und noch beschissen werden. Hätte der Staat durch seine Politiker ordentlich gewirtschaftet und gerecht verteilt, hätten wir heute und in Zukunft ordentliche Renten. Ich habe bereits davon gesprochen und aufgezeigt, dass mehr als 4 Billionen Euro durch die Politiker auf unterschiedlichste Weise verschleudert wurden. Dem Normalbürger, der das Wirtschaftswachstum in erster Linie erwirtschaftet, ist es entzogen worden.

Ich habe anhand der Reallohnentwicklung aufgezeigt, dass über einen Zeitraum von 20 Jahren die Reallöhne gesunken sind, trotz positiver Wirtschaftsentwicklung, das Gleiche gilt für die Renten. Die Renten betragen rund 50% des letzten Bruttolohns und sind seit einiger Zeit auch noch zu versteuern. Im Vergleich zur Altersversorgung der Abgeordneten und Beamten sind die Rentner erheblich benachteiligt worden. Hier muss in Zukunft ein Ausgleich geschaffen werden, denn auf diese Weise rutschen immer mehr Rentner in die Altersarmut. Abgeordnete bekommen pro Jahr 207 Euro pro Jahr Tätigkeit im Parlament. Das sind nach 12 Jahren ca. 2.500 und nach 27 Jahren ca. 5.600 Euro. Sowohl die Abgeordnetendiäten als auch die Beamtenbezüge haben sich positiver entwickelt als der Lohn der normalen Bürger. Zudem muss von diesen kein Rentenbeitrag und keine Arbeitslosenversicherung bezahlt werden.

Von 1999 bis 2013 gab es folgende Entwicklung:
Gesetzliche Renten stiegen um ca. 14%.
Pensionen stiegen um ca. 19%.
Politiker-Pensionen stiegen um ca. 28%.

Ein-trittsjahr	Steuerpflichtiger Anteil	Zu versteuern (Berechnung s.o., Stand: 2012)	Einkommensteuer	Nettorente pro Jahr
2005	50 %	7.792 €	0 €	14.400 €
2006	52 %	8.103 €	0 €	14.400 €
2007	54 %	8.415 €	0 €	14.400 €
2008	56 %	8.727 €	0 €	14.400 €
2009	58 %	9.038 €	17 €	14.383 €
2010	60 %	9.350 €	65 €	14.335 €
2015	70 %	10.908 €	334 €	14.066 €
2020	80 %	12.467 €	647 €	13.753 €
2025	85 %	13.246 €	819 €	13.581 €
2030	90 %	14.025 €	1.009 €	13.391 €
2040	100 %	15.584 €	1.461 €	12.939 €

Entsprechend haben sich die Diäten der Abgeordneten

entwickelt, auch hier gibt es eine Steigerung von 28%, während die Reallöhne in 20 Jahren um 1,2% gesunken sind.
Wie können Sie auf eine solche Benachteiligung reagieren?
Nicht mehr wählen, sondern sich selbst wählen durch eine eigene Partei, die die direkte Demokratie praktiziert.

Verschwendung von Steuergeldern

Die Wirtschafts- und Bankenkrise wurde durch die Zockerei der Banken ausgelöst, die immer wieder Gelegenheit suchen, das schnelle Geld zu machen. Rekapitulieren wir: Ausgelöst wurde die Krise durch faule Immobilien, die die Amerikaner unseren Banken untergeschoben hatten. Nicht genug damit, wurden zusätzlich unsere Gemeinden von den Amis mit Cross-Border-Geschäften kräftig über den Tisch gezogen. Man kann hier wieder fragen, was haben sich die Politiker in den Rathäusern nur dabei gedacht? Haben sie wirklich geglaubt, mit Zockerei Geld verdienen zu können? Was hier geschehen ist, kann man wieder nur der Dummheit und Naivität der Politiker zuschreiben. Die Politiker haben die Pflicht, mit dem Geld der Steuerzahler sorgsam umzugehen, hier hat man sich auf windige Geschäfte eingelassen. Man nimmt an, dass Milliarden an Steuergeldern verzockt wurden. Nicht nur mit Cross-Border-Geschäften, sondern auch mit Wetten auf Rohölpreise, Aktienkurse und Zinsen. Auch bei Lehmann Brothers wurde Geld angelegt. Cross-Border-Leasing war eine windige Sache, die sich einige US-Investoren ausgedacht bzw. ausbaldowert hatten. Sie glaubten, ein Steuerschlupfloch gefunden zu haben, das dann aber aufgedeckt wurde. Mit der Aufdeckung wurde das vermeintliche Geschäft zu einem gewaltigen Minusgeschäft für die Gemeinden. Der Hintergrund hätte die Kämmerer stutzig machen müssen: Der Staat verschenkt doch kein Geld. Aber so weit haben die Politiker der Städte und Gemeinden nicht gedacht. Das zeigt einmal mehr, es reicht nicht aus, dass Berater zur Verfügung stehen, auf deren Sachkenntnis man sich verlassen kann, wenn dem Politiker die Fachkenntnis fehlt. Aber die Politiker haben nicht so weit gedacht, sie wollten ihr Stadtsäckerl wieder auffüllen und verkauften Kanalisationen, Schienennetze, Müllverbrennungsanlagen und sogar Schulen an windige Geldmacher aus den USA. Das soll 150 Städte und Gemeinden in Deutschland betreffen. In Ulm, Böblingen und Wuppertal verkauften sie die Müllöfen, in Berlin, Leipzig und Köln die Messehallen, in

Essen und Düsseldorf das Schienennetz, in zwei Dutzend Städten die Straßenbahn, in Stuttgart, Bochum und Schwerin die Kanalisation. Mit Schließung des reinen Steuerschlupfloches kamen Probleme auf die Städte und Gemeinden zu. Das ganze Ausmaß dieser Verlustgeschäfte, die Konsequenzen daraus sind dem Bürger nicht offengelegt worden. Solche Dinge werden natürlich vertuscht. Die Politiker vermeiden nach Möglichkeit jede Transparenz. Transparenz wird es erst geben, wenn der Bürger an allen Entscheidungen beteiligt ist, bei einer Volksherrschaft, einer direkten Demokratie.

<u>Beispiele für Steuerverschwendungen:
Schwarzbuch 2013, Bund der Steuerzahler</u>

Nachfolgend einige Beispiele aus einer Vielzahl von Steuerverschwendungen, die vom Bund der Steuerzahler aufgeführt werden.

Das seit 2006 im Bau befindliche Institut für Tierseuchen-Untersuchungen: eine Kostensteigerung von 280 auf 340 Millionen Euro.

Das Bundesnachrichtendienst-Gebäude in Berlin: Kosten von 720 auf 912 Millionen Euro gestiegen.

Lausitzer Überleiter-Projekt von 4,6 auf 51 Millionen Euro gestiegen.

Rathaussanierung in Mülheim an der Ruhr: von 36 auf 49 Millionen Euro gestiegen.

302 Millionen Euro wurden für einen Hightech-Vogel in die Luft geblasen.

Mit dem Projekt „Rapid Eye" wurden 91,2 Millionen Euro in den Sand gesetzt.

2007 wurde von der EU festgelegt, dass die Kommissare ab 2014 von 28 auf 19 reduziert werden sollten. Im Mai 2013 wurde dieser Beschluss wieder gekippt. Jeder Kommissar plus Bedienstete verursacht Kosten von ca. 1,5 bis 2 Millionen Euro im Jahr. Macht mal eben 18 Millionen Euro mehr im Jahr.

1,1 Milliarden Euro wurden für das „Patriot"-System, eine wertlose Entwicklung, ausgegeben.

Regionalflughafen Kassel-Calden: Bei der Planung ging man von 63,9 Millionen Euro aus. Die tatsächlichen Baukosten betrugen 271 Millionen, zusätzlich jährliche Verluste in Höhe von 6,6 Millionen Euro (1012), Tendenz steigend.

Solange Politiker und Administratoren nicht für ihre leichtfertigen Handlungsweisen zur Rechenschaft gezogen werden, werden weiterhin Milliarden Euro durch den Schornstein gejagt werden.
Deshalb ist es wichtig, dass der Bürger an allen Entscheidungen beteiligt wird, wodurch Transparenz gegeben sein würde, die bislang unterbleibt.

Die Rolle der Amerikaner
oder der totale Überwachungsstaat

Wer im Augenblick den amerikanischen Wahlkampf verfolgt und sich einmal fragt, was verstehen die Amerikaner eigentlich unter Demokratie und Freiheit, sollte langsam ins Grübeln kommen. Zunächst einmal muss man feststellen, dass man, um ein hohes Amt im „demokratischen" Amerika zu bekommen, eine Menge Geld haben muss. Ein Wahlkampf zur Erlangung des höchsten Amtes in den USA kostet erst mal Milliarden. Für den diesjährigen Wahlkampf werden schätzungsweise sieben Milliarden US-Dollar ausgegeben. Wenn man den Spruch „Geld regiert die Welt" für ein kapitalistisches Land als besonders zutreffend bezeichnen kann, so sind das die USA. Und so kann man die ganze Politik der amerikanischen Administration sehen. Interessen der Waffenindustrie spielen in hier eine maßgebliche Rolle, sowohl in Beziehung auf das Inland als auch auf das Ausland. Der Anteil für Militärausgaben am amerikanischen Bundeshaushalt beträgt zwischen 550 und 720 Milliarden US-Dollar, das ist weitaus mehr als in anderen Staaten der Welt (zum Vergleich: Die Militärausgaben der UdSSR betrugen zwischen 2000 und 2014 31 bis 91,7Milliarden US-Dollar). Da ist es nicht erstaunlich, dass diese Industrie erhalten werden muss, da wundert es einen nicht, auf welchen Kriegsschauplätzen sich die Amerikaner herumtreiben. Ein mächtiger Wirtschaftsfaktor für Amerika ist auch das Öl, wen wundert es da, dass die Amerikaner ihren kriegerischen Einsatz in Ölförderländern mit Lügengeschichten rechtfertigen.
Ein weiterer wichtiger Faktor in diesem „freiheitlich-demokratischen Land" ist der Geheimdienst.

Ca. 20.000 Mitarbeiter beschäftigt allein die NSA, die Gesamtausgaben für den Geheimdienst betragen derzeit 52,8 Milliarden US-Dollar. Diese demokratische Überwachungsanlage, die uns vor den bösen Terroristen schützen soll, erschafft weltweit einen Überwachungsstaat. Orwells seinerzeit für uns erschreckendes Bild der totalen Überwachung ist nicht nur Wirklichkeit geworden, sondern es wird noch weit übertroffen. Jedes Telefonat eines deutschen und Bürger anderer Nationen wird von der NSA aufgezeichnet. Wer Snowden zugehört hat, weiß, dass sich der amerikanische

Geheimdienst einen Dreck um Recht und Gesetz kümmert, jede Aussage amerikanischer Politiker, dass dem nicht so sei, kann man in die Tonne hauen. Unsere Regierung bzw. unsere Politiker schützen uns nicht vor dieser totalen Überwachung. Nach ihrem Verhalten muss man davon ausgehen, dass sie mit ihrem Geheimdienst voll mit dabei sind.

Stellen Sie sich einmal vor, ein Unternehmen würde ein anderes oder seine Angestellten in dieser Form ausspionieren. Sie landeten bei uns vor Gericht und wanderten gegebenenfalls ins Gefängnis. Und die Amerikaner? Sie spionieren die Bundeskanzlerin aus, hören ihre Gespräche ab und sie nimmt das grußlos hin. Ein Narr, der Böses dabei denkt. Gegen das Ausspionieren unserer gesamten Bevölkerung in jeglicher Form durch die Amerikaner wird von unserer Regierung nichts unternommen. Da muss man doch den Eindruck gewinnen, die hängen da voll mit drin.

Es ist wie im gesamten Politikgeschäft, jegliche Transparenz wird unterbunden. Denken Sie an den Ausschuss zur Untersuchung der Bespitzelung der NSA. Man sanktioniert und unterstützt dieses Verhalten, indem man es ablehnt, Leuten wie Snowden politisches Asyl zu gewähren, einem Mann, der die totale amerikanische Überwachung aufgedeckt und vorgeführt hat. Er hätte dafür den Friedensnobelpreis verdient, weil er die Welt aufgeklärt hat mit dem Risiko, dafür lebenslang ins Gefängnis zu wandern, seine Familie nicht mehr zu sehen. Einem Mann, der es nicht mehr mit seinem Gewissen vereinbaren konnte, dass dieser totalitäre Staat die ganze Welt und auch seine sogenannten Freunde ausspioniert. Mit dem Wissen, dass Chelsea Manning für die Bekanntmachung amerikanischer Gräueltaten sein Leben für 35 Jahre im Gefängnis verbringen muss, ist das, was Snowden auf sich genommen hat, eine Heldentat. Auch das Beispiel von Assange, der nur noch in Botschaften leben kann, weil er amerikanische Praktiken offenbarte, hat Snowden nicht davon abgehalten, das Verhalten der USA anzuprangern. Sie glauben, sie sind die Weltmacht, die sich alles erlauben kann, und die anderen müssen sich ducken. Und die anderen ducken sich tatsächlich, auch unsere Regierung. Müssen wir nicht endlich etwas gegen diese

Missstände tun, können wir weiter zusehen, wie dem Bürger jegliche Einflussnahme und Mitbestimmung entzogen wird?

Wir dürfen uns nicht weiter einlullen lassen, sondern alle Bürger müssen allmählich selbst das Ruder in die Hand nehmen, um aus dem Parteienstaat ohne Mitbestimmung einen Staat zu machen, in dem der Wille des Bürgers geschieht. Wir können nicht länger auf dem Sofa sitzen und uns unsere Meinung von den Medien vorsagen lassen, uns von den wirklichen Problemen ablenken lassen. Wir müssen am Erhalt einer freiheitlichen Ordnung mitarbeiten, jeder ist aufgerufen, sich für die Mitbestimmung überall einzusetzen, sich nicht nur um sich zu kümmern, sondern um das Allgemeinwohl. Ich möchte das nicht mehr hören: „Ich gehe nicht wählen, ich kann doch nichts ändern".

Wir können etwas ändern, aber nicht, wenn wir nichts tun.

Wer schützt uns vor den Praktiken der Amerikaner? Unsere Regierung nicht. Sie sieht tatenlos zu. Es ist höchste Zeit, dass die Bevölkerung ihr politisches Geschick in die eigene Hand nimmt. Denken wir an die sozialistischen Staaten, in denen auch die Parteien das Sagen hatten und die Bevölkerung sich weggeduckt hat. Wir sind auf dem besten Weg, ein Parteienstaat zu werden, in dem der Einzelne nichts mehr zu sagen hat, in dem jeder Bürger unter totaler Überwachung und Manipulation steht und jede Transparenz vermieden wird und werden soll. Deshalb müssen die Bürger ihr Geschick unbedingt in die eigene Hand nehmen, mitbestimmen und bestimmen, für Transparenz sorgen, Volksherrschaft ausüben im Sinne des Wortes. Tun wir es nicht, werden wir zu Sklaven eines Überwachungsstaates. Das mag sich alles dramatisch anhören, wir haben doch schließlich einen Rechtsstaat, wir haben doch ordentliche Gerichte, aber unsere Politiker haben gezeigt, dass sie mit dem Rechtsstaat nichts am Hut haben, sie brechen die Gesetze ohne Folgen, nur für den kleinen Mann gelten Recht und Gesetz. Man muss und kann davon ausgehen, dass auch in Deutschland jeder, der regimekritische Seiten im Internet besucht, vom amerikanischen oder auch vom deutschem Geheimdienst erfasst, registriert und beobachtet wird und dass der deutsche und der amerikanische Geheimdienst dabei gemeinsame Sache machen. Auch nicht anders zu erklären ist, dass das Ausspionieren einer „befreundeten" Kanzlerin völlig ignoriert wird und ohne Folgen bleibt.

Eine Unverfrorenheit der Regierungen stellt das geplante Wirtschaftsabkommen TTIP dar, ein Vorhaben, dessen Ignoranz gegenüber der Schafherde Volk nicht mehr zu übertreffen ist. Auch hier wird zunächst durch völlige Intransparenz versucht, der Bevölkerung die verheerenden Einzelheiten des vorgesehenen Abkommens nicht bekannt werden zu lassen, um dann von hinten durch die kalte Küche dieses Abkommen über die EU an der Bevölkerung vorbei rechtswirksam zu machen. Alle kritischen Bürger, die dieses Abkommen zu Recht ablehnen, sollten dafür sorgen, dass durch die Durchsetzung der direkten Demokratie solche Husarenritte unterbunden oder wieder rückgängig gemacht werden können. Inwieweit die Regierung Entscheidungen, die rechtlich vom Volk oder Bürger zu treffen sind, ignoriert, hat man beim Beitritt Deutschlands zur EU, bei der Einführung des Euros und bei der nach der Wiedervereinigung neu zu erstellenden Verfassung gesehen. Wie gesagt, mit dem Recht haben die Politiker nichts am Hut, das Volk, der Bürger – mit dieser Schafherde kann man machen, was man will.

Die negativen Folgen des von Amerika diktierten Kapitalismus haben mit unseren positiven Vorstellungen eines Kapitalismus, nämlich einer sozialen Marktwirtschaft, nichts zu tun. Die negative soziale Einstellung der Amerikaner darf bei uns nicht weiter Schule machen, wir müssen dafür sorgen, dass das Positive des Kapitalismus, eine soziale Marktwirtschaft, bei uns wieder praktiziert wird. Der Unterschied zwischen den sozial schwachen und den Wohlhabenden und Superreichen verschiebt sich immer mehr zu Gunsten der Reichen, das ist nicht sozial, das ist nicht christlich.

Man muss das gesamte Verhalten der USA kritisch untersuchen und sie nicht blauäugig und unvoreingenommen als unsere guten Freunde betrachten, man muss das Verhalten der Amerikaner kritischer als unsere Kanzlerin und ihre Weggenossen unter die Lupe nehmen, denn es betrifft uns und hat Auswirkungen auf uns.

Nachdem die Empörung über die Unterstützung der Separatisten bei der Einnahme der Krim und der südlichen Ukraine bei uns hohe Wellen geschlagen und zu Sanktionen gegenüber der Sowjetunion geführt hatte, habe ich einen Vergleich angestellt hinsichtlich des Verhaltens der Amerikaner und der westlichen Welt gegenüber den Russen.

Nach Beendigung des Zweiten Weltkriegs nahmen die Spannungen zwischen dem Westen, der USA, der BRD, und der Sowjetunion zu. Daraufhin wurde vom Westen zunächst einmal das Nato-Bündnis geschlossen. Als Antwort darauf wurde von der Sowjetunion der Warschauer Pakt ins Leben gerufen. Diesem Pakt gehörten die Sowjetunion, Albanien, Bulgarien, Polen, Rumänien, Tschechoslowakei, Ungarn und die DDR an. Die Sowjetunion hatte allerdings allein das Sagen im Warschauer Pakt. Bestrebungen, wie sie Ungarn zeigte, das bestehende System durch einen Volksaufstand abzusetzen, wurde von der sowjetischen Armee unterbunden. Man rechtfertigte das damit, nach dem Vertrag einen Angriff auf den Staat wie einen Angriff von außen verteidigen zu müssen.

Der Kalte Krieg zwischen West und Ost wurde durch die von Russland eingeleitete Perestroika 1990 beendet. Moskau stimmte einer Wiedervereinigung Deutschlands zu, der Warschauer Pakt wurde aufgelöst.

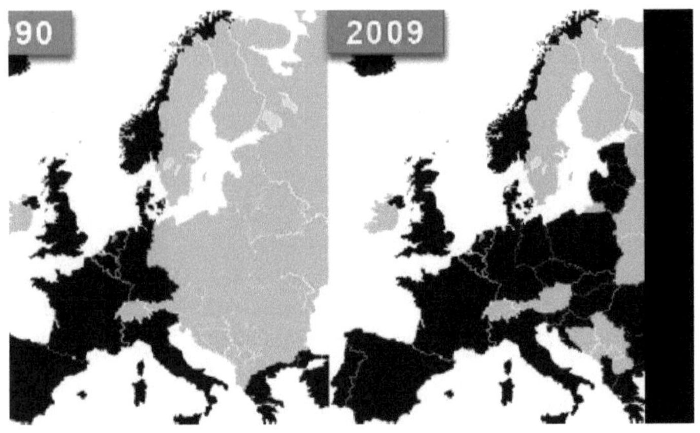

Aufgrund seiner Zustimmung zur Wiedervereinigung Deutschlands wurde Russland versichert, dass es keine Ausweitung der Nato nach Osten geben werde. Auf einer Pressekonferenz in Washington erklärte Außenminister Genscher: „Wir waren uns einig, dass nicht die Absicht besteht, dass Nato-Verteidigungsbündnis auszudehnen nach Osten." Am 9.2.1990 erklärte Baker in Moskau gegenüber Gorbatschow und Schewardnadse, dass das Bündnis seinen Einflussbereich nicht einen Zoll weiter nach Osten ausdehnen werde, falls die Sowjets einem vereinten Deutschland zustimme. Die gleiche Aussage machte Genscher sowohl am 10.2.1990 in Moskau als auch in weiteren Reden. Es gibt allerdings dazu keine schriftlichen Vereinbarungen. Den Russen muss man vorwerfen, dass es ein grober Fehler war, sich das nicht schriftlich bestätigen zu lassen. Trotzdem muss man feststellen, dass die Russen vom Westen gelinkt wurden.

Wer das Machtstreben der USA richtig einschätzen kann, hätte das voraussehen müssen.

Nun kann man natürlich auch verstehen, dass bei den früheren Ländern des Warschauer Paktes ein Sicherheitsbedürfnis vorhanden war, nach dem Weggang von Gorbatschow ist Russland unberechenbarer geworden. Die massive Unterstützung der Ukraine im Laufe der Jahre durch die USA

(5 Milliarden Dollar), die sich nach den Protesten auf dem Maidan wieder intensivierte und dazu führte, dass der gewählte Präsident der Ukraine Janukowytsch floh, sowie die immer weiter fortschreitende Einschnürung Russlands durch den Beitritt der angrenzenden Länder in die Nato brachte Russland zu einer Panikhandlung, nämlich zur Unterstützung der Separatisten bei der Annexion der Insel Krim und der östlichen Ukraine.

Dass diese Besetzung eine von Russland eingeleitete und massiv unterstützte Aktion war, steht wohl außer Frage. Auf der anderen Seite konnte und musste man damit rechnen, wenn man sich die Geschichte der Krim, die Sprache ihrer Bevölkerung und die Landkarte ansieht. Die Krim ist seit langer Zeit ein militärischer Stützpunkt Russlands, der einzige, der ihre gesamte Mittelmeerflotte aufnehmen kann, und sie hat geschützte Häfen. Mit der Zuwendung zum Westen musste Russland damit rechnen, dass dieser Stützpunkt über kurz oder lang unter Druck von Amerika aufgekündigt werden würde. Dem wollte man vorbeugen und man ist dem mit der Annexion zuvorgekommen.

Russland wird diesen Schritt niemals rückgängig machen, man wird ihn akzeptieren müssen. Auch geschichtlich hat Russland eine gute völkerrechtliche Argumentationslage, denn es gibt keinen völkerrechtlichen Vertrag darüber, dass Chrustschows die Krim der Ukraine schenkte. Die Krim war bis dahin ein eigener Staat im Staatenbund der einstigen UdSSR gewesen.

Deutschland hatte ein gutes Verhältnis zu Russland aufgebaut, was den Amerikanern sicher ein Dorn im Auge war. Es war ein Fehler, diese guten Beziehungen nicht weiter auszubauen. Eine Reihe von deutschen Wirtschaftlern, aber auch Politiker bedauern diese negative Entwicklung des Verhältnisses mit Russland und möchten sie wieder rückgängig machen, und auch Deutschland wäre gut beraten, dies zu tun. Die heutige Regierung, unter Merkel, lässt sich von der Politik und den Interessen Amerikas völlig vereinnahmen. Auch das halte ich für einen ganz großen Fehler. Amerika schafft aus unterschiedlichen Interessen immer wieder überall auf der Welt Kriegsschauplätze und fühlt sich als weltbeherrschende Macht.

Deutschland ist 1955 zum Schutz, auch vor Russland und deren damaligem Staatssystem, in die Nato eingetreten. Das war gut so. Das heißt aber nicht, dass wir in unserer politischen Ausrichtung Vasallen der amerikanischen Politik sein müssen. Deutschland war nach dem letzten Krieg geläutert, wir wollten uns an keinen militärischen Handlungen mehr beteiligen. Die Beteiligung in Afghanistan auf Drängen der Amerikaner war schon ein großer Fehler. Wir tun besser daran, auf friedlichem, diplomatischem Weg weiterzugehen.

Wir haben uns mit Recht aus den Kriegen der Amerikaner in Nahost, die mit zweifelhaften und verlogenen Behauptungen von Amerika angezettelt wurden, herausgehalten. Sie haben destabilisierte Länder im Chaos zurückgelassen. Für die heutige Situation dort sind sie mit verantwortlich. Für mich ist nicht nachvollziehbar, dass Frankreich und England sich mit den Amerikanern dort verbrüderten.

Im Vergleich haben die Russen mit kleineren Auseinandersetzungen in ihrem Hegemonialbereich militärisch eingegriffen. Amerika hingegen macht nichts anderes, als außerhalb seines Territoriums militärische Auseinandersetzungen zu führen. Außerdem wendet es Milliardenbeträge auf, um in anderen Ländern Unruhen zu schaffen, ihnen nicht genehme Regierungen zu stürzen und das alles aus wirtschaftlichen Machtinteressen, sowohl in Mittelamerika, in Südamerika als auch in Asien und dem Nahen Osten. Wer sich einmal den amerikanischen Staatshaushalt ansieht, wird feststellen, dass zwischen 500 und 700 Milliarden US-Dollar für das Militär ausgegeben werden, das heißt, von den Steuern der Bürger wird ein großer Anteil für Kriegsspiele ausgegeben. Ein abschreckendes Beispiel.

Die Militärausgaben Russlands betrugen 2000 31,1 und 2014 91,7 Milliarden US-Dollar.

Unserem Staat kann man nur anraten, sich nicht weiter blind und kritiklos an Amerika anzuhängen.

Merkels Flüchtlingseinladung
und deren katastrophale Auswirkungen

Wenn ich ein verantwortlicher Politiker bin, muss ich mir darüber im Klaren sein, was ich durch meine Aussagen und mein Handeln verursache. Man kann die Einladung Merkels an die Flüchtlinge nur als einen katastrophalen Fehler mit unabsehbaren Folgen sehen. Für mich war dies eine populistische Äußerung, bei der der Verstand ausgesetzt hat, Kohl sagte dazu, er habe einen Blackout gehabt.

Ich möchte zunächst einmal stichwortartig die Folgen dieser blödsinnigen Aktion aufzählen und dann im Einzelnen darauf eingehen.

Klarstellen möchte ich aber erst einmal, dass ich **Frau Merkel in diesem Zusammenhang absprechen möchte, das Wort „Wir" zu benutzen**. Mit dem Satz „Wir schaffen das" versucht sie die Beseitigung ihres Fehlers anderen aufzubürden. Sie versucht auf populistische Weise dem Volk bzw. dem Bürger unterzujubeln, dass es Aufgabe des Volkes sei, zu beweisen, dass man mit solch einem Problem fertig werde. Sie versucht es bei der Europäischen Union, indem sie an die Solidarität der Europäer appelliert. Aber weder der deutsche Bürger noch die Europäer sind für etwas **verantwortlich zu machen und heranzuziehen, das einzig und allein Merkels Fehler war**. Vorausschicken muss man zunächst, dass es selbstverständlich ist, dass Menschen aus Kriegsgebieten geholfen werden muss und soll. Was allerdings Frau Merkel mit ihrer pauschalen Einladung losgetreten hat, hat mit dieser humanitären Selbstverständlichkeit nichts zu tun.

Kommen wir zu den Folgen: Bis September 2015 kamen 290.000 Asylanten nach Deutschland, **von September bis Dezember mindestens 800.000**. Es wird allerdings vermutet, dass es noch viel mehr waren, weil bei Weitem nicht alle registriert werden konnten.

Es besteht die Gefahr, dass durch den Andrang der Flüchtlinge auch **Terroristen** mit eingeschleust wurden.

Die Hälfte der sogenannten Flüchtlinge ist nicht bleibeberechtigt. Mindestens 400.000 Wirtschaftsflüchtlinge müssen wieder zurückgeschickt werden.

Kosten von 10 Milliarden Euro kommen dadurch jährlich auf den Steuerzahler zu.

Eine Integration der Flüchtlinge ist unmöglich.

Durch Eindämmungsmaßnahmen des Flüchtlingsstroms kommt es in Flüchtlingslagern und an Grenzen, an denen Zäune aufgebaut werden, zu menschenunwürdigen Zuständen. Eltern mit kleinen Kindern müssen in Zeltlagern oder teilweise sogar unter freiem Himmel in der Kälte ausharren, weil sie an den geschlossenen Ländergrenzen festgehalten werden. Abkommen werden eingegangen mit einem menschenverachtenden Erdoğan, der seine eigenen Landsleute beschießt, für den Meinungs- und Pressefreiheit ein Fremdwort ist.

Mitarbeiter der Gemeinden und freiwillige Helfer müssen bis an den Rand der Erschöpfung arbeiten. Das alles haben wir Merkels unbedachter, dummer Aufforderung an die Flüchtlinge zu verdanken. Und die Weicheier in ihrer Umgebung kritisieren sie nicht, sondern versuchen die ganze Sache noch schönzureden.

So unterschiedlich sind die Hartz-IV-Quoten*

Nationalität	Insgesamt in Deutschland	davon Hartz-IV-Empfänger	Anteil
Libanon	36 960	33 424	90 %
Irak	79 413	51 712	65 %
Afghanistan	48 752	25 853	53 %
Pakistan	28 578	13 813	48 %
Ghana	20 893	9180	44 %
Arabische Republik Syrien	28 921	12 209	42 %
Islamische Republik Iran	52 132	21 327	41 %
Sri Lanka	27 505	11 209	41 %
Algerien	13 219	5055	38 %
Marokko	64 842	22 205	34 %
Nigeria	17 903	6074	34 %
Kasachstan	52 583	17 189	33 %
Ukraine	125 617	40 352	32 %
Russische Föderation	189 326	58 142	31 %
Tunesien	22 921	6758	29 %
Vietnam	84 437	23 442	28 %
Türkei	1 658 083	437 099	26 %
Mazedonien	62 888	13 707	22 %
Serbien	164 942	25 857	16 %
Bosnien u. Herzegowina	154 565	21 721	14 %
Indien	45 638	5841	13 %
Kosovo	84 043	10 044	12 %
Thailand	55 324	5971	11 %
Kroatien	221 222	17 234	8 %
Serbien und Montenegro	122 897	9371	8 %
Ausländer gesamt	6 694 776**	1 246 806	18,6 %
Zum Vergleich: **Deutsche**	74 671 338	5 629 878	7,5 %

Quelle: Bundesagentur für Arbeit, Stat. Bundesamt; Auswahl von Nationalitäten mit hohem Anteil Hilfebedürftiger, *in Deutschland lebende Ausländer ohne deutschen Pass, die hier arbeiten dürfen; ** gem. Ausländerzentralregister; letzte verfügbare Daten

Der Krieg in Syrien und weitere Krisenherde haben eine Flüchtlingswelle in Gang gesetzt.

2012 gab es in Deutschland ca. 80.000 Asylanträge.

2013 gab es in Deutschland ca. 127.000Asylanträge.

2014 gab es in Deutschland ca. 202.000 Asylanträge.

Bis September 2015 gab es mehr als 1,1 Millionen.

Ausgelöst durch Frau Merkels Einladung

Eine Integration der bleibeberechtigten Flüchtlinge ist eine nicht zu bewältigende Aufgabe.

Wir haben es, selbst bei der bisher niedrigen Zuwanderung, nicht geschafft, die Menschen zu integrieren. Überall in Deutschland haben sich Brennpunkte entwickelt, wo man mit den Einwanderern mehr oder weniger große Probleme hat. Es bilden sich Gettos, wo ausländische Familienclans die Gegend unsicher machen und beherrschen, wo sich Deutsche nicht mehr auf die Straße trauen, nehmen wir mal Berlin, Duisburg, Essen usw. Nehmen wir die Übergriffe in Köln in der Silvesternacht. Wir haben es weder geschafft, zu integrieren, noch haben wir es geschafft, die nicht Einwanderungs-berechtigten wieder auszuweisen, abzuschieben, wie man sagt. 2015 wurden von 200.000 lediglich 20.888 zurückgeschickt. 150.000 sind zurzeit nicht abschiebbar wegen Krankheit etc. Natürlich nutzen sie jede Möglichkeit, hierzubleiben. Auch hier sind wir nicht in der Lage, eine geordnete Rückführung durchzuführen. Bedingt durch den von Frau Merkel ausgelösten massiven Flüchtlingsstrom, war man auch nicht in der Lage, zu unterscheiden, wer einwanderungsberechtigt ist und wer nicht. Dadurch kamen 500.000 unberechtigt ins Land, die wieder abgeschoben werden müssen, denen aber zunächst für einen langen Zeitraum der Unterhalt gewährt werden muss. Wie weit wir dazu in der Lage sind, diese Menschen zu integrieren, bzw. dies nicht leisten können, haben wir in den letzten Jahren gezeigt.

Es wird überall versucht, das schönzureden, auch von der Presse, was ich beim besten Willen nicht begreifen kann.

Schon die bisherige Einwanderung ist von uns nicht bewältigt worden. Die Zahl der Harz-IV-Empfänger unter den bisherigen Zuwanderern zeigt auf, dass eine Integration schon bisher nicht möglich war und bei der jetzigen Zuwanderung erst recht nicht möglich sein wird. Sicherlich werden in den nächsten zehn Jahren nicht mehr als die Hälfte der Zuwanderer integriert und in Arbeit kommen. Schätzungen der Kosten dafür liegen zwischen 20 und 50 Milliarden Euro pro Jahr für die nächsten Jahre.

Es sollte für alle selbstverständlich sein, dass Menschen, die vor Krieg und Terror flüchten, aufgenommen werden. Auch ich habe mich selbstverständlich engagiert und entsprechende Aufnahmemöglichkeiten geschaffen, aber wir dürfen die Probleme, die durch den unkontrollierten Zuzug auf uns zugekommen sind, nicht bagatellisieren und herunterspielen. Damit ist keinem geholfen.

Alle Kritiker fehlerhafter Regierungsentscheidungen werden von den Politikern in die rechte Ecke gestellt, sei es in der Europapolitik oder in der Flüchtlingspolitik, und die Medien schließen sich grußlos an. Selbst Nachrichtensprecher spielen

sich zu Kritikern Andersdenkender auf. Eine denkwürdige Entwicklung.
Uns wird eine Welt vorgegaukelt, die in Wirklichkeit nicht existiert. Die tatsächlichen dramatischen Zustände werden heruntergespielt. Sie werden uns in den nächsten Jahrzehnten in vielfältiger Form belasten. Da stellen sich Politschausteller hin, die wirklich von Tuten und Blasen keine Ahnung haben, und erzählen, durch den Zuzug der Emigranten könnten wir in den nächsten Jahren die nicht besetzten Arbeitsplätze auffüllen. Sie sollten sich einmal mit dem Bildungsstand und der Ausbildung der Flüchtlinge befassen.
Von den Medien erhält Frau Merkel für diese von ihr ausgelöste Katastrophe eine moderate Kritik, wie für viele ihrer krassen Fehlentscheidungen, was bei vielen Menschen auf Unverständnis stößt und zu Aussagen wie „Lügenpresse" führt. Ich möchte dazu sagen, dass sich die Medien, wie der Rundfunk, das Fernsehen und die Zeitungen, die Meinung der Regierenden zu eigen machen, sie hören ja auch fortwährend nichts anderes. Und wie heißt es doch so schön: „Wes Brot ich ess, des Lied ich sing." Aber auch in anderen Ländern und Systemen machte und macht sich die Presse die Meinung der Regierenden zu eigen, denken wir einmal an die Türkei, dort, wo wir fehlende Meinungsfreiheit anprangern, scheint die Regierungsmeinung von der Bevölkerung geglaubt zu werden, sonst hätte Erdoğans Partei nicht die Mehrheit erlangt.
Denken Sie einmal an die damalige Berichterstattung über die Atomkraftgegner. Sie wurden als Chaoten bezeichnet. Nach Frau Merkels plötzlichem Atomausstieg (vorausgegangen war ein großer Zulauf bei den Grünen nach der Atomkatastrophe in Japan, ausgelöst durch einen Tsunami) hatte die Presse durchaus Verständnis für diese Handlung, obwohl es gerade eine Verlängerung für die Erhaltung der Atomkraftwerke gegeben hatte.
Die Abfolge: Am 28.10.2010 wird mit den Stimmen der CDU/FDP der Bestand der Atomkraftwerke um 8 bis 14 Jahre verlängert, das bedeutet beispielsweise:
Für Brokdorf eine Laufzeit bis 2036,
für Isar 2 eine Laufzeit bis 2035,

für Grohnde eine Laufzeit bis 2033,
für Grafenrheinfeld eine Laufzeit bis 2029.
Am 30.6.2011 kündigte Frau Merkel den Ausstieg aus der Atomenergie bis 2022 an.
Als Grund für den Ausstieg gab man die Atomwerkkatastrophe vom 11. März 2011 in Japan aufgrund des Tsunamis an.
Der wirkliche Grund war das Ergebnis der Wahlen in Rheinland-Pfalz, bei der die Grünen eine Zunahme von 10,8% verzeichneten und die Wahl in Baden Württemberg, bei der

die Grünen   12,5%   gewannen,
die CDU   5,2%   verloren,
die FDP   5,4%   verloren,
die SPD   1,9%   verloren.

Es wurde abgestritten, dass wahltaktische Gründe den Ausschlag für den Atomaustritt gegeben hätten. Dies ist aber offensichtlich. Der FDP-Politiker Brüderle soll bei einer vertraulichen Präsidiumssitzung des BDI am 14.10.2011 laut Sitzungsprotokoll geäußert haben, dass nicht aus Sachgründen, sondern aus dem politischen Grund der bevorstehenden Landtagswahlen der Ausstieg erfolgt sei.
Diese Kurzschlusshandlung kostet den Steuerzahler wieder viele Milliarden, weil die dadurch geschädigten Energiekonzerne aus gutem Grund entsprechende Klagen eingereicht haben.
Die gesamte Politik der Atomenergie und die alternative Energiepolitik zeigen auf, dass die Politiker nicht in der Lage sind, über den Tellerrand hinauszusehen, und immer wieder chaotische Entscheidungen treffen.
Wenn ich über die Europäische Union gesagt habe, man setze sich dort in einen Zug, ohne zu wissen, wohin man fährt, so ist das bei der Atom- und Energiepolitik nicht anders.
Es werden in Deutschland seit 1970 Atomkraftwerke für die Erzeugung von Strom gebaut, ohne bis heute zu wissen, wie der Atommüll endgelagert werden kann, ohne vernünftige Zwischenlager zu haben (die Finnen haben gezeigt, wie das besser geht). Fast 50 Jahre später hat man noch keine Lösung für die Endlagerung gefunden. Den demonstrierenden Atom-

kraftgegnern wurde mit Gewalt in Form von Wasserwerfern und Polizei begegnet, teilweise wurden sie in Gefängnisse gesteckt. Ich kann mich nicht erinnern, dass es großartige Kritik in der Presse an dem ungeheuren Vorgang gab, dass man Atommüll produzierte, ohne zu wissen, wie er entsorgt werden kann. Ich kann mich gut daran erinnern, wie man zu den Demonstranten stand. Es hat sich nichts geändert an der mangelnden Übersicht der Politiker, die immer wieder Dinge in Gang setzen, ohne die daraus entstehenden Konsequenzen zu berücksichtigen. Der Dumme ist jeweils der Steuerzahler, der für die Kosten zur Kasse gebeten wird.

Und die Presse übt nicht die entsprechend notwendige Kritik. Neuester Fall in der Energiewirtschaft sind die in der Nordsee gebauten Windkraftwerke. Man lässt Windparks bauen, ohne dass dafür gesorgt ist, dass der Strom weitergeleitet werden kann. Die Erbauer bzw. Betreiber erhalten Vergütungen für die mögliche Stromerzeugung, ohne dass etwas erzeugt wird. Über Jahre. Wer bezahlt? Der Steuerzahler. Es ist ein Skandal.

Notwendige Kritik an einem solchen kurzsichtigen Unsinn und an dieser Geldverschleuderung vermisst man in der Presse. So ändern sich die Zeiten und auch die Meinungen der Presse.

TTIP

Die geheimen Verhandlungen über das Freihandelsabkommen zwischen der USA und Europa zeigen einmal wieder, wie man mit dem Bürger umgeht. Bei zunächst völliger Intransparenz versucht man ihn vor vollendete Tatsachen zu stellen. Diese Form des Umgangs mit dem Bürger hat mit demokratischem Verhalten nichts zu tun und ist eine Frechheit.
Unterschiedliche technische Voraussetzungen sollen angepasst werden. In der EU gelten zum Schutz der Verbraucher höhere Standards. Konzernen soll beim Inkrafttreten von TTIP das Recht eingeräumt werden, Staaten vor nichtstaatlichen Gerichten (Schiedsgerichten) auf Schadenersatz zu verklagen.
Um welche Summen es dabei gehen kann, sehen wir gerade beim VW-Konzern, wo in den USA Entschädigungszahlungen in schwindelnder Höhe geltend gemacht werden können und werden. Damit würden normale Unternehmen in die Pleite geschickt werden. Diese amerikanischen Verhältnisse brauchen wir nicht.
Selbst Abgeordneten ist es durch TTIP verboten, Vertragsunterlagen zu kopieren, sie können sie lediglich einsehen. Der Bürger selbst bekommt keine Gelegenheit, sich über das Handelsabkommen zu informieren. Diese Geheimhaltung eines Vertrages, der alle Bürger betrifft, ist ein Angriff auf unsere demokratische Grundordnung.
Für genmanipulierte Produkte haben wir in Europa erheblich höhere Schranken als in den USA. Auch diese würden aufgeweicht werden.
In der EU gilt das Vorsorgeprinzip, das besagt, bei einem Stoff muss nachgewiesen werden, dass er nicht schädlich ist, in den USA dagegen kann ein Stoff so lange verwendet werden, bis nachgewiesen wird, dass von ihm eine Gefahr ausgeht.
Das sind alles Nachteile für den Bürger und so verwundert es nicht, dass man den Vertragsinhalt geheim zu halten versucht.
Für ein lächerliches Wachstum von 0,5% bis zum Jahr 2027 würden gravierende negative Einflüsse hingenommen werden müssen.

Die CDU fordert die Bestrafung von Greenpeace, wegen der Veröffentlichung geheimer TTIP-Papiere. Menschen, die den Bürger über intransparente Vorgänge unter Politikern und Regierungen aufklären, verfolgt man. Das sind Methoden totalitärer Staaten.

So verfolgt man die Aufklärer über die TTIP-Verträge und Verhandlungen. So verfolgt man in Luxemburg drei Männer, die aufgeklärt haben, dass der Luxemburger Staat in der Regierungszeit von EU-Kommissionschef Juncker uns und andere europäische „Freunde" durch lachhafte Einkommensteuersätze für Großunternehmen von teilweise 1% beschissen hat. So verfolgt man Snowden, der uns darüber aufgeklärt hat, dass die Amerikaner uns bis in unsere Intimsphäre abhören und ausspionieren. Da verfolgt man Julian Assange, Programmierer und Sprecher der Enthüllungsplattform WikiLeaks.

Da setzen sich die Großen, Mächtigen, Einflussreichen aus der westlichen Welt, Politiker, Großkapital, Banken, Versicherungen in Geheimtreffen, z.B. bei der Bilderberg-Konferenz, zusammen und sprechen ab, was man gegen den Bürger gemeinschaftlich durchsetzen will.

Das insgesamt ist die totale Degradierung der Bürger.

Dagegen müssen wir uns zur Wehr setzen. Wir müssen erreichen, dass wir bestimmen und nicht die heute Mächtigen, die Politiker und Banken, das Großkapital und die Lobbyisten.

Zusammenfassung

Im Folgenden soll dem Leser, dem es zu aufwendig ist, die Details nachzulesen, ein Überblick über die in diesem Buch behandelten Themen gegeben werden.
Der Bürger wird von Politikern belogen, betrogen und verarscht. Dieses Buch zeigt auf, dass der Bürger in unserer parlamentarischen Demokratie keinerlei direkte Einflussnahme hat, dass er bewusst durch Intransparenz aus allen möglichen Entscheidungen oder Mitbestimmungsmöglichkeiten herausgehalten wird. Er wird letztlich lediglich als dummes Stimmvieh benutzt. Es wird gezeigt, dass der Normalbürger in vieler Weise benachteiligt wird. Dass er am positiven Wirtschaftswachstum, das in erster Linie durch ihn erwirtschaftet wurde, nicht teilhat.
Beispiele: gesunkene Reallöhne, Rentensenkungen, Rentenbesteuerungen, erneuerbare Energie auf Kosten der Bürger, Verlust der Sparzinsen.
Dagegen steht die Bevorteilung anderer Gruppen, von Vermögenden, Politikern, Beamten und Banken.
Beispiel:
Steuersenkungen für Vermögende, Senkung der Einkommensteuer-Spitzensätze 1950: 95%, 1954: 70%, 1975: 56%, 1990: 53% und 2003: 45%.
1997: Wegfall der Vermögenssteuer.
2008: Senkung der Körperschaftssteuer von 25% auf 15%.
2008: Senkung der Kapitalverkehrssteuer auf 25%.

Die Schere zwischen Arm und Reich geht immer weiter auseinander. Politiker verschaffen sich Vorteile durch eine gewaltige Steigerung bei ihren Bezügen und Pensionen.
Vetternwirtschaft: Posten für ehemalige Politiker in staatlichen und halbstaatlichen Betrieben und Aufsichtsräten (Beispiel Pofalla, Deutsche Bahn: 600.000 Euro).
Scheinbeschäftigung, Korruption, Schmiergelder, Banken kriegen auf jede mögliche Weise Gelder zugeschoben durch

Rettung mit Milliardenbeträgen, Einrichtung von Bad Banks, Griechenland-Rettung (Bankenrettung) – und der brave Bürger, der letztlich den wirtschaftlichen Erfolg erarbeitet, geht leer aus.

236 Milliarden Euro kostete die Bankenrettung (*DWN*, 23.6.2015).

91 Milliarden Euro betrug die Schuldenstanderhöhung für Griechenland (*DWN*, 23.6.2015, laut Bericht der Deutschen Bundesbank).

770 Milliarden Euro Haftungsrisiko durch Änderung des §125 des EU-Vertrags (laut ifo Institut, *ARD*, 20.7.2012).

Damit muss Schluss sein.

Dieses Buch zeigt auf, dass es durch die Inkompetenz der Politiker statt eines Vermögenszuwachses von 2 Billionen Euro zu einer Staatsverschuldung von mehr als 2 Billionen Euro gekommen ist, durch Geldverschleuderung, Korruption, mangelnde Kontrolle.

Beispiele:

7,6-Milliarden-Euro-Geschenk Schröders an Putin.

4,3 Milliarden Euro Kostensteigerung beim Berliner Flughafen.

600 Millionen Euro Kostensteigerung bei der Elbphilharmonie und, und, und.

Dies alles zeigt die Inkompetenz und die Verantwortungslosigkeit der Politiker. Es führt deren Behandlung der Gesetze bzw. ihren Rechtsbruch vor Augen.

Ich habe einen großen Teil dieses Buches dem Fehlverhalten der Politiker gewidmet, um den Bürger wachzurütteln, ihm zu zeigen, in welch vielfältiger Form Politiker den Bürger betrügen. Ich habe Fälle von Spendenskandalen, Verwandtenbeschäftigung, Vetternwirtschaft, Lobbyismus und Korruption aus den letzten Jahren zusammengetragen. Was ich hier versammelt habe, ist nur die Spitze des Eisbergs.

Ich wollte damit die „feine Politikergesellschaft" etwas kompakter darstellen, denn wir lesen heute etwas in der Zeitung, was morgen schon wieder vergessen ist. Sie sollen durch diese kompakte Darstellung mitbekommen, von wem Sie regiert werden, wem Sie Ihre Stimme geben und ich will Sie gleichzeitig auffordern:

Nehmen Sie selbst das Ruder in die Hand. Helfen Sie mit durch eine eigene Partei, durch die Sie Ihren Vertreter (Abgeordneten) selbst wählen, und deren Abgeordneter sich verpflichtet, nach dem Votum der Bürger zu handeln und dafür zu stimmen, eine wahre Demokratie zu schaffen, bei der ausschließlich der Wille des Volkes bestimmend ist. Eine Partei der direkten Demokratie.

Bisher gibt es keine Kontrolle der Politiker und von deren Helfern. Es gibt keine Sanktionen bei Fehlverhalten, die sogenannten Rechnungshöfe haben keinerlei Kompetenz und damit auch keinerlei Wirkung.

Ein Heer von Lobbyisten – in Berlin 5000, in Brüssel 15.000 – bezahlen wir indirekt mit. Denn sie sind da, um für Verbände, Unternehmen, Versicherungen, Banken usw. bei den Politikern etwas herauszuholen. Auch das sind zweistellige Milliardenbeträge, die letztlich der Bürger bzw. Steuerzahler bezahlt.

Nur der Bürger hat keinen Lobbyisten. Sorgen Sie dafür, dass Sie selbst mitentscheiden oder über wirklich kompetente Fachleute entscheiden lassen. Dann brauchen wir keine Lobbyisten mehr zu bezahlen.

Das Referendum in England hat gezeigt, dass der Bürger in der Lage ist, mit einem Schlag selbst die Politik zu bestimmen.

76% der Bürger wollen laut dem ARD-Polittalk-Magazin *hart aber fair* mitbestimmen. Wenn Sie bei der nächsten Wahl Verhältnisse schaffen wollen, in denen der Bürger bestimmt, dann können Sie das.

Ich habe für Sie die entsprechenden Voraussetzungen geschaffen. Ich habe eine Partei gegründet, bei der Sie sowohl Ihren Abgeordneten selbst wählen können, als auch sich selbst als Abgeordneter aufstellen lassen können. Ich habe ein Portal geschaffen, auf dem Sie zu jeglichen Gesetzesentwürfen Ihre Meinung sagen, Verbesserungen einbringen und abstimmen können.

Eine Plattform für eine wahre Demokratie, nämlich für die alleinige Bestimmung durch das Volk bzw. den Bürger:

Die direkte Demokratie

Nebenjobs von Abgeordneten

Mitglied des Bundestags	Partei	Anzahl der Mitgliedschaften in Aufsichtsräten bzw. Beiräten	Mitgliedschaft 1	Mitgliedschaft 2	Mitgliedschaft 3	Mitgliedschaft 4	Mitgliedschaft 5
Ilse Aigner	CSU	1	Deutsche Energie-Agentur GmbH (dena), Berlin, Mitglied des Aufsichtsrates (bis 22.06.2011)				
Ingrid Arndt-Brauer	SPD	1	Wirtschaftsförderungsgesellschaft für den Kreis Borken mbH, Ahaus, Mitglied des Aufsichtsrates, ehrenamtlich				
Doris Barnett	SPD	1	Saint-Gobain ISOVER G+H AG, Ludwigshafen, Mitglied im Aufsichtsrat und Mitglied im Beirat der ISOVER Klimaschutzinitiative CO2NTRA				
Sören Bartol	SPD	1	INOSOFT AGIT-Consulting und Software, Marburg, Mitglied des Aufsichtsrates				

Dietmar Bartsch	DIE LINKE .	1	Deutsche Gesellschaft für Internationale Zusammenarbeit (GIZ) GmbH, Eschborn, Mitglied des Aufsichtsrates				
Bärbel Bas	SPD	2	Gesellschaft für Wirtschaftsförderung Duisburg mbH, Duisburg, Mitglied des Aufsichtsrates	Stadtwerke Duisburg, Duisburg, Mitglied des Aufsichtsrates			
Günter Baumann	CDU	2	Thermalbad Wiesenbad Gesellschaft für Kur- und Rehabilitation mbH, Thermalbad Wiesenbad, Mitglied des Aufsichtsrates	Volksbank Erzgebirge, Annaberg-Buchholz, Vorsitzender des Aufsichtsrates			
Uwe Beckmeyer	SPD	1	Bremer Lagerhaus-Gesellschaft – Aktiengesellschaft von 1877 –, Bremen, Mitglied des Aufsichtsrates				
Christoph Bergner	CDU	1	Bewerbungsgesellschaft München 2018 GmbH, München, Mitglied des Aufsichtsrates				

Peter Bleser	CDU	2	Raiffeisen Waren-Zentrale (RWZ) Rhein-Main eG, Köln, Vorsitzender des Aufsichtsrates (bis 17.02.2011), monatlich, Stufe 1	Raiffeisenbank Kaisersesch-Kaifenheim eG, Kaisersesch, Vorsitzender des Aufsichtsrates (bis 17.02.2011)		
Heidrun Bluhm	DIE LINKE .	1	Treuhandliegenschaftsgenossen-schaft FAIRWOHNEN i.G., Berlin, Vorsitzende des Aufsichtsrates, ehrenamtlich			
Steffen Bockhahn	DIE LINKE .	2	Rostocker Messe- und Stadthallengesellschaft mbH, Rostock, Vorsitzender des Aufsichtsrates	WIRO Wohnen in Rostock, Wohnungsgesell-schaft mbH, Rostock, Mitglied des Aufsichtsrates		
Wolfgang Bosbach	CDU	2	AHG Allgemeine Hospitalgesellschaft AG, Düsseldorf, Mitglied des Aufsichtsrates, 2011, Stufe 3	Signal Iduna AG, Hamburg, Mitglied des Aufsichtsrates, jährlich, Stufe 3		
Norbert Brackmann	CDU	1	Raiffeisenbank Lauenburg e.G., Lauenburg, Vorsitzender des Aufsichtsrates			

Klaus Brähmig	CDU	1	Volksbank Pirna eG, Pirna, Mitglied des Aufsichtsrates				
Willi Brase	SPD	2	Allcura Vermögensverwaltungs AG Hamburg, Mitglied des Aufsichtsrates, ehrenamtlich (bis 22.03.11)	Brase & Collegen AG Hamburg, Mitglied des Aufsichtsrates, ehrenamtlich			
Heike Brehmer	CDU	1	Verkehrsgesellschaft Südharz mbH, Hettstedt, Mitglied des Aufsichtsrates, ehrenamtlich				
Bernhard Brinkmann	SPD	1	Kurbetriebs GmbH, Bad Salzdetfurth, Vorsitzender des Aufsichtsrates				
Rainer Brüderle	FDP	1	IVA Valuation & Advisory AG Wirtschaftsprüfungsgesellschaft, Frankfurt/Main, Mitglied des Aufsichtsrates				

Ernst Burgbacher	FDP	2	DEG – Deutsche Investitions- und Entwicklungsgesellschaft mbH, Köln, Mitglied des Aufsichtsrates	Zentrum für Europäische Wirtschaftsforschung GmbH (ZEW), Mannheim, Mitglied des Aufsichtsrates			
Martin Burkert	SPD	5	ADLER Versicherung AG, Dortmund, Mitglied des Aufsichtsrates	DB Fahrzeuginstandhaltung GmbH, Frankfurt/Main, Mitglied des Aufsichtsrates (bis 18.02.2011)	DB Schenker Rail Deutschland AG, Mainz, stellv. Vorsitzender des Aufsichtsrates	Schultheiss Wohnbau AG, Nürnberg, Mitglied des Aufsichtsrates	Sparda-Bank Nürnberg eG, Nürnberg, Mitglied des Aufsichtsrates (bis 22.06.2010), monatlich, Stufe 1
Petra Crone	SPD	2	Grundstücks- und Gewerbeentwicklung Kierspe GmbH, Kierspe, Vorsitzende des Aufsichtsrates	Interkommunales Gewerbegebiet Grünewald GmbH, Kierspe-Meinerzhagen, Mitglied des Aufsichtsrates			
Bijan Djir-Sarai	FDP	1	Kreiswerke Grevenbroich GmbH, Grevenbroich, Mitglied des Aufsichtsrates				

Alexander Dobrindt	CSU	1	Krankenhaus GmbH, Landkreis Weilheim-Schongau, Schongau, Mitglied des Aufsichtsrates, ehrenamtlich			
Patrick Döring	FDP	2	Deutsche Bahn AG, Berlin, Mitglied des Aufsichtsrates, jährlich, Stufe 3	VIFG Verkehrsinfra-strukturfinanzie-rungsgesellschaft mbH, Berlin, Mitglied des Aufsichtsrates		
Werner Dreibus	DIE LINKE.	3	GKN Driveline Deutschland GmbH, Offenbach a. Main, Mitglied des Aufsichtsrates (bis 30.06.2010)	GKN Holdings Deutschland GmbH, Lohmar, Mitglied des Aufsichtsrates (bis 30.06.2010)	manroland AG, Offenbach a. Main, Mitglied des Aufsichts-rates (bis 30.06.2010)	
Dagmar Enkelmann	DIE LINKE.	1	Städtische Entwicklungsgesellschaft (STAB), Bernau, Mitglied des Aufsichtsrates			

Klaus Ernst	DIE LINKE	2	SKF GmbH, Schweinfurt, Mitglied des Aufsichtsrates (bis 30.06.2010)	ZF Sachs AG, Schweinfurt, Mitglied des Aufsichtsrates (bis 31.07.2010)			
Hartwig Fischer	CDU	1	Volksbank Göttingen e.G., Göttingen, Mitglied des Aufsichtsrates				
Dirk Fischer	CDU	1	DB Netz AG, Frankfurt/Main, Mitglied des Aufsichtsrates				
Dagmar Freitag	SPD	1	Deutsche Leichtathletik Promotion- und Projektgesellschaft mbH (DLP), Darmstadt, Mitglied des Aufsichtsrates, ehrenamtlich				
Erich G. Fritz	CDU	1	DSK Anthrazit Ibbenbüren GmbH, Ibbenbüren, Mitglied des Aufsichtsrates				

Michael Fuchs	CDU	2	Schmiedewerke Gröditz GmbH, Gröditz, Mitglied des Aufsichtsrates	Verlag für die Deutsche Wirtschaft, Bonn, Mitglied des Aufsichtsrates, jährlich, Stufe 3			
Alexander Funk	CDU	2	Sirrix AG Homburg/Saar, Mitglied des Aufsichtsrates	Stadtwerke Bexbach GmbH, Bexbach, Mitglied des Aufsichtsrates			
Thomas Gambke	BÜNDNIS 90/ DIE GRÜNEN	1	MSG Lithoglas AG Berlin, Vorsitzender im Aufsichtsrat				
Wolfgang Gerhardt	FDP	1	Rücker AG Maschinenbau, Elektronik, Informatik, Wiesbaden, Mitglied des Aufsichtsrates (bis 31.10.2012), jährlich, Stufe 3				
Alois Gerig	CDU	2	Abfallwirtschaftsgesellschaft des Neckar-Odenwald-Kreises mbH, Buchen, Mitglied des Aufsichtsrates, ehrenamtlich	Bioenergieregion HOT GmbH, Mosbach, Mitglied des Aufsichtsrates, ehrenamtlich			

Eberhard Gienger	CDU	1	Bewerbungsgesellschaft München 2018 GmbH, München, Mitglied des Aufsichtsrates (bis 21.09.10)			
Michael Glos	CSU	2	Castellbank AG, Castell, Mitglied des Aufsichtsrates, jährlich, Stufe 3	Münchener Hypothekenbank e.G., München, Stellv. Vorsitzender des Aufsichtsrates, jährlich, Stufe 3		
Heinz Golombeck	FDP	1	Karlsruher Verkehrsverbund GmbH, Karlsruhe, Mitglied des Aufsichtsrates			
Wolfgang Götzer	CSU	1	ISP Scholz Beratende Ingenieure AG, München, Mitglied des Aufsichtsrates			
Olav Gutting	CDU	2	Volksbank-Bruhrain-Kraich-Hardt eG, Oberhausen-Rheinhausen, Mitglied des Aufsichtsrates	Wirsol Solar AG, Waghäusel, Vorsitzender des Aufsichtsrates, 2011, Stufe 3; 2012, Stufe 3		

Florian Hahn	CSU	2	Gemeindewerke Putzbrunn GmbH, Putzbrunn, Stellv. Vorsitzender des Aufsichtsrates (bis 26.01.2010)	IABG – Industrie-anlagen-Betriebs-gesellschaft mbH, Ottobrunn, Mitglied des Aufsichtsrates, 2010, Stufe 3			
Jürgen Hardt	CDU	1	WSW Stadtwerke Wuppertal, WSW GmbH (Holding), WSW Energie AG, WSW mobil GmbH, Wuppertal, Mitglied des Aufsichtsrates (bis November 2009)				
Mechthild Heil	CDU	1	Stadtwerke Andernach GmbH, Andernach, Mitglied des Aufsichtsrates				
Rosemarie Hein	DIE LINKE .	1	Zentrum für Produkt-, Verfah-rens- und Prozessinnovation ZPVP GmbH, Magdeburg, Mitglied des Aufsichtsrates				

Ursula Heinen-Esser	CDU	2	Gesellschaft für Anlagen- und Reaktorsicherheit (GRS) mbH, Köln, Vorsitzende des Aufsichtsrates	Institut für Sicherheitstechnologie (ISTec) GmbH, Garching, Vorsitzende des Aufsichtsrates	
Priska Hinz	BÜND-NIS 90/ DIE GRÜNEN	1	Deutsche Gesellschaft für Internationale Zusammenarbeit (GIZ) GmbH, Eschborn, Mitglied des Aufsichtsrates		
Christian Hirte	CDU	1	EWT – Eisenach-Wartburgregion Tourismus GmbH, Eisenach, Mitglied des Aufsichtsrates (bis 31.12.2010)		
Elke Hoff	FDP	1	Technologiezentrum für Oberflächentechnik Rhein-breitbach GmbH, Rheinbreitbach, Mitglied des Aufsichtsrates		

Franz-Josef Holzenkamp	CDU	5	AGRAVIS Raiffeisen AG Münster, Vorsitzender des Aufsichtsrates, jährlich, Stufe 3	LVM-Krankenversicherungs AG Münster, Mitglied des Aufsichtsrates, jährlich, Stufe 3	LVM-Lebensversicherungs AG Münster, Mitglied des Aufsichtsrates, jährlich, Stufe 3	LVM-Rechtsschutzversicherungs AG, Münster, Mitglied des Aufsichtsrates, jährlich, Stufe 3	Qualitätspartnerschaft Nord-West GmbH (QPNW), Osnabrück, Vorsitzender des Aufsichtsrates (bis 22.06.2011)
Dieter Jasper	CDU	1	Volksbank Tecklenburger Land eG, Ibbenbüren, Mitglied des Aufsichtsrates (bis 20.05.2010)				
Egon Jüttner	CDU	2	MVV Energie AG Mannheim, Mitglied des Aufsichtsrates, 2009, Stufe 3	MVV GmbH, Mannheim, Mitglied des Aufsichtsrates			
Bartholomäus Kalb	CSU	1	VIFG Verkehrsinfrastrukturfinanzierungsgesellschaft mbH, Berlin, Mitglied des Aufsichtsrates, ehrenamtlich				

Ulrich Kelber	SPD	2	Gesellschaft für Energie- und Gebäudemanagement GmbH, Bonn, Mitglied des Aufsichtsrates	Stadtwerke Bonn Energie und Wasser GmbH, Bonn, Mitglied des Aufsichtsrates
Volkmar Klein	CDU	2	Deutsche Gesellschaft für Technische Zusammenarbeit (GTZ) GmbH, Eschborn, Mitglied des Aufsichtsrates, ehrenamtlich	kplan AG, Abensberg, Mitglied des Aufsichtsrates
Jürgen Klimke	CDU	2	Deutsche Senior-Partner AG, Hamburg, Mitglied des Aufsichtsrates	DSP Vermögensberatung AG, Hamburg, Mitglied des Aufsichtsrates
Lars Klingbeil	SPD	1	Stadtwerke Munster-Bispingen GmbH, Munster, Mitglied des Aufsichtsrates	
Jens Koeppen	CDU	1	ALBA Uckermark GmbH, Schwedt, Aufsichtsratsmitglied	
Gudrun Kopp	FDP	1	DEG – Deutsche Investitions- und Entwicklungsgesellschaft mbH, Köln, Vorsitzende des Aufsichtsrates	

Jürgen Koppelin	FDP	1	Deutsche Gesellschaft für Technische Zusammenarbeit (GTZ) GmbH, Eschborn, Mitglied des Aufsichtsrates, ehrenamtlich				
Rolf Koschorrek	CDU	1	Pioneer Medical Devices AG, Berlin, Mitglied des Aufsichtsrates				
Oliver Krischer	BÜND-NIS 90/DIE GRÜNEN	1	AWA Entsorgung GmbH, Eschweiler, Mitglied des Aufsichtsrates				
Stephan Kühn	BÜND-NIS 90/DIE GRÜNEN	1	Dresdner Verkehrsbetriebe AG, Dresden, Mitglied des Aufsichtsrates, ehrenamtlich				
Ute Kumpf	SPD	1	ProWohnen Wohngenossenschaft, Stuttgart, Mitglied des Aufsichtsrates, ehrenamtlich (bis 18.06.2011)				
Katrin Kunert	DIE LINKE .	2	ALS Dienstleistungsgesellschaft mbH, Stendal, Mitglied des Aufsichtsrates	Treuhandliegen-schaftsgenossenschaft FAIRWOHNEN i.G., Berlin, Mitglied des Aufsichtsrates			

Günter Lach	CDU	2	Congress Park Wolfsburg GmbH, Wolfsburg, Vorsitzender des Aufsichtsrates, ehrenamtlich	Wolfsburg AG, Wolfsburg, Mitglied des Aufsichtsrates, ehrenamtlich			
Andreas G Lämmel	CDU	2	Tourismus Marketing Gesellschaft Sachsen mbH, Dresden, Mitglied des Aufsichtsrates, ehrenamtlich	Wohnungsgenossenschaft Glückauf Süd Dresden e. G., Dresden, Vorsitzender des Aufsichtsrates			
Norbert Lammert	CDU	4	Kultur Ruhr GmbH, Essen, Mitglied des Aufsichtsrates, ehrenamtlich	Ruhr 2010 GmbH, Essen, Mitglied des Aufsichtsrates, ehrenamtlich	Ruhrfestspiele Recklinghausen GmbH, Recklinghausen, Mitglied des Aufsichtsrates, ehrenamtlich	RAG AG, Essen, Mitglied des Aufsichtsrates, jährlich, Stufe 3	
Sibylle Laurischk	FDP	1	Messe Offenburg GmbH, Offenburg, Mitglied des Aufsichtsrates				

Name	Partei	Anzahl					
Karl Lauterbach	SPD	1	Rhön-Klinikum AG, Bad Neustadt/Saale, Mitglied des Aufsichtsrates, 2009, Stufe 3; 2010, Stufe 3; 2011, Stufe 3				
Burkhard Lischka	SPD	1	Magdeburger Hafen GmbH, Magdeburg, Mitglied des Aufsichtsrates, ehrenamtlich				
Kirsten Lühmann	SPD	2	BTA Betriebs- und Anlagegesellschaft mbH, Berlin, Mitglied des Aufsichtsrates	Nürnberger Beamten Lebensversicherung AG, Nürnberg, Mitglied des Aufsichtsrates			
Ulrich Maurer	DIE LINKE	1	Baugenossenschaft Feuerbach-Weilimdorf eG, Stuttgart, Mitglied des Aufsichtsrates				
Stephan Mayer	CSU	1	Bewerbungsgesellschaft München 2018 GmbH, München, Mitglied des Aufsichtsrates				
Ullrich Meßmer	SPD	1	SMA Solar Technology AG, Niestetal, Mitglied des Aufsichtsrates, 2010, Stufe 3				

Jan Mücke	FDP	1	ÖPP Deutschland AG, Berlin, Vorsitzender des Aufsichtsrates, von Amts wegen				
Stefan Müller	CSU	1	Nürnberger Krankenversicherung AG, Nürnberg, Mitglied des Aufsichtsrates				
Bernd Neumann	CDU	1	Kulturveranstaltungen des Bundes in Berlin GmbH, Berlin, Vorsitzender des Aufsichtsrates				
Georg Nüßlein	CSU	2	on-collect solutions AG, Illertissen, Vorsitzender des Aufsichtsrates	Sfirion AG, München, Mitglied des Aufsichtsrates			
Rita Pawelski	CDU	2	HAUS & GRUNDEIGENTUM KomfortLeben GmbH, Hannover, Mitglied des Aufsichtsrates	HAUS & GRUNDEIGEN-TUM Medien GmbH, Hannover, Vorsitzende des Aufsichtsrates			

Name	Partei	Anzahl				
Joachim Pfeiffer	CDU	4	INITIUM AG Consulting und Management, Plüderhausen, Mitglied des Aufsichtsrates	Kofler Energies Power AG, Bochum, Mitglied des Aufsichtsrates	Verkehrs- und Tarifverbund Stuttgart GmbH, Stuttgart, Mitglied des Aufsichtsrates	Wirtschaftsförde rung Region Stuttgart GmbH, Stuttgart, Mitglied des Aufsichtsrates
Gisela Piltz	FDP	1	ESPRIT Arena Multifunktions- arena Immobiliengesellschaft mbh & Co. KG Düsseldorf, Vorsitzende des Aufsichtsrates			
Christoph Poland	CDU	2	Stadtwerke Neustrelitz GmbH, Neustrelitz, Mitglied des Aufsichtsrates, ehrenamtlich	Theater und Orchester GmbH, Neustrelitz/ Neubrandenburg, Vorsitzender des Aufsichtsrates, ehrenamtlich		
Ruprecht Polenz	CDU	1	ZDF Enterprises GmbH, Mainz, Mitglied des Aufsichtsrates			

Eckhard Pols	CDU	2	Abwassergesellschaft Lüneburg GmbH, Lüneburg, Mitglied des Aufsichtsrates	Gesellschaft für Abfallwirtschaft Lüneburg mbH, Lüneburg, Mitglied des Aufsichtsrates		
Joachim Poß	SPD	2	RAG Deutsche Steinkohle AG, Herne, Arbeitnehmervertreter im Aufsichtsrat, jährlich, Stufe 3	Ruhrfestspiele Recklinghausen GmbH, Recklinghausen, Mitglied des Aufsichtsrates, ehrenamtlich		
Peter Ramsauer	CSU	1	Deutsche Energie-Agentur GmbH (dena), Berlin, Mitglied des Aufsichtsrates (bis 21.06.2012)			
Eckhardt Rehberg	CDU	1	Volkswerft Stralsund GmbH, Stralsund, Mitglied des Aufsichtsrates			
Birgit Reinemund	FDP	2	Fleischversorgungszentrum Mannheim GmbH, Mannheim, Mitglied des Aufsichtsrates, ehrenamtlich	Großmarkt Mannheim GmbH, Mannheim, Mitglied des		

			Aufsichtsrates, ehrenamtlich				
Lothar Riebsamen	CDU	1	Kliniken Landkreis Sigmaringen GmbH, Sigmaringen, Mitglied des Aufsichtsrates, ehrenamtlich				
Heinz Riesenhuber	CDU	3	EVOTEC AG Hamburg, Ehrenvorsitzender des Aufsichtsrates, 2009, Stufe 3; 2010, Stufe 3; 2011, Stufe 3	Frankfurter Allgemeine Zeitung GmbH, Frankfurt/Main, Mitglied des Aufsichtsrates (bis Juni 2011), 2009, Stufe 3; 2010, Stufe 3; 2011, Stufe 3	Kabel Deutschland Holding AG, Unterföhring, Mitglied des Beirates (bis 08.06.2010), Vorsitzender des Aufsichtsrates (bis 10.06.2010), Ehrenvorsitzender des Aufsichtsrates (seit 11.06.2010) 2009, Stufe 3; 2010, Stufe 3;		

					2011, Stufe 3		
Peter Röhlinger	FDP	1	Technische Werke Jena GmbH, Jena, Mitglied des Aufsichtsrates (bis 31.12.2010)				
Johannes Röring	CDU	2	BSB GmbH – Landwirtschaftliche Buchstelle-, Münster, Mitglied des Aufsichtsrates	Wirtschaftsförderungsgesellschaft für den Kreis Borken mbH, Borken, Mitglied des Aufsichtsrates			
Tabea Rößner	BÜNDNIS 90/ DIE GRÜNEN	2	Kraftwerke Mainz-Wiesbaden AG Mainz, Mitglied des Aufsichtsrates	Stadtwerke Mainz AG Mainz, Mitglied des Aufsichtsrates			
Norbert Röttgen	CDU	1	Deutsche Energie-Agentur GmbH (dena), Berlin, Mitglied des Aufsichtsrates (bis 22.06.2011)				

Stefan Ruppert	FDP	1	Stadtwerke Oberursel (Taunus) GmbH, Oberursel, Mitglied des Aufsichtsrates (bis 31.12.2009)			
Bernd Scheelen	SPD	1	Städtische Werke Krefeld AG, Krefeld, Mitglied des Aufsichtsrates			
Norbert Schindler	CDU	4	CropEnergies AG, Mannheim, Mitglied des Aufsichtsrates, 2009, Stufe 3; 2011, Stufe 3	Süddeutsche Krankenversicherung a.G, Stuttgart, Mitglied des Aufsichtsrates	Süddeutsche Lebensversicherung a.G, Stuttgart, Mitglied des Aufsichtsrates	Süddeutsche Zuckerverwertungsgenossenschaft SZVG, Mannheim, Mitglied des Aufsichtsrates und des Landwirtschaftl. Beirates
Tankred Schipanski	CDU	1	Rapid Venture Accounting GmbH, Ilmenau, Mitglied des Aufsichtsrates			

Georg Schirmbeck	CDU	2	Alfsee GmbH Ferien- und Erholungspark, Rieste, Vorsitzender des Aufsichtsrates und der Gesellschafterversammlung	Niedersachsenpark GmbH, Neuenkirchen-Vörden, Vorsitzender des Aufsichtsrates			
Michael Schlecht	DIE LINKE .	2	Schlott Gruppe AG, Freudenstedt, Mitglied des Aufsichtsrates (bis 02.03.2010)	Volksfürsorge AG, Hamburg, Mitglied des Aufsichtsrates, jährlich, Stufe 3			
Ulla Schmidt	SPD	1	Charit\xc3\xa9 – Universitätsmedizin Berlin, Berlin, sachverständiges Mitglied des Aufsichtsrates				
Andreas Schockenhoff	CDU	1	Information System Solutions AG, Ravensburg, Mitglied des Aufsichtsrates				
Ottmar Schreiner	SPD	1	BBJ Consult AG, Berlin, Mitglied des Aufsichtsrates				
Uwe Schummer	CDU	1	RWE Power AG, Essen, Mitglied des Aufsichtsrates, 2011, Stufe 3				
Carsten Sieling	SPD	1	Gewoba AG, Bremen, Mitglied des Aufsichtsrates (bis 18.06.2010)				

Petra Sitte	DIE LINKE .	1	Technologie- und Gründerzentrum Halle GmbH (TGZ), Halle, Mitglied des Aufsichtsrates				
Hermann Otto Solms	FDP	1	Piper Generalvertretung Deutschland AG, Calden, Vorsitzender des Aufsichtsrates				
Jens Spahn	CDU	2	mosaiques diagnostics and therapeutics AG, Hannover, Mitglied des Aufsichtsrates (bis 30.11.2012), jährlich, Stufe 3	SIGNAL IDUNA Pensionskasse AG, Hamburg, Mitglied des Aufsichtsrates (bis 30.06.2010)			
Joachim Spatz	FDP	1	Heizkraftwerk GmbH, Würzburg, Vorsitzender des Aufsichtsrates				
Frank Steffel	CDU	1	Copa eG Hofheim-Wallau, Mitglied des Aufsichtsrates, ehrenamtlich				
Peer Steinbrück	SPD	2	Borussia Dortmund GmbH & Co. KGaA, Dortmund, Mitglied des Aufsichtsrates	ThyssenKrupp AG, Essen, Mitglied des Aufsichtsrates, 2011, Stufe 3; 2012, Stufe 3			
Christian	CDU	3	Allianz Global Investors	cominvest Asset	Schloss Stetten		

Stetten			Deutschland GmbH, Frankfurt/Main, Mitglied des Aufsichtsrates (bis 31.12.2010), 2010, Stufe 3	Management GmbH, Frankfurt/Main, Mitglied des Aufsichtsrates, ehrenamtlich (bis 14.06.2010)	Holding AG, Künzelsau, Vorsitzender des Aufsichtsrates, ehrenamtlich		
Dieter Stier	CDU	1	WVW Wohnungsbau Wohnungsverwaltung Weißenfels GmbH, Weißenfels/Saale, Mitglied des Aufsichtsrates				
Thomas Strobl	CDU	1	Beteiligungsgesellschaft der Stadt Heilbronn mbH, Heilbronn, Mitglied des Aufsichtsrates				
Lena Strothmann	CDU	2	Handwerksbau AG, Dortmund, Mitglied des Aufsichtsrates, jährlich, Stufe 3	Verlagsanstalt Handwerk GmbH, Düsseldorf, Mitglied des Aufsichtsrates			
Kerstin Tack	SPD	1	AWO Verwaltungs- und Sozialdienste GmbH (VSD), Hannover, Mitglied des Aufsichtsrates				

Volkmar Vogel	CDU	1	Deutsche Einheit Fernstraßenplanungs- und -bau GmbH (DEGES), Berlin, Mitglied des Aufsichtsrates		
Marco Wanderwitz	CDU	3	SRM Sachsenring-Rennstrecken-Management GmbH, Hohenstein-Ernstthal, Vorsitzender des Aufsichtsrates	Volksbank Mittweida eG Mittweida, Mitglied des Aufsichtsrates	Wohnungsgesellschaft. Hohenstein-Ernstthal mbH, Hohenstein-Ernstthal, Mitglied des Aufsichtsrates
Katrin Werner	DIE LINKE	1	Stadtwerke Trier GmbH Holding, Trier, Mitglied des Aufsichtsrates		
Heinz Peter Wichtel	CDU	1	Fraport AG, Frankfurt/Main, Mitglied des Aufsichtsrates (bis Ende September 2012), jährlich, Stufe 3		
Klaus-Peter Willsch	CDU	2	go4copy.net eG Frankfurt am Main, Mitglied des Aufsichtsrates	RTK Holding, Bad Schwalbach, Mitglied des Aufsichtsrates (bis Juni 2011)	
Valerie Wilms	BÜNDNIS 90/	3	Kombibad Wedel GmbH, Wedel,	Stadtwerke Lübeck	Stadtwerke

	DIE GRÜNEN		Stellv. Vorsitzende des Aufsichtsrates	Holding GmbH, Lübeck, Mitglied des Aufsichtsrates	Wedel GmbH, Wedel, stellv. Vorsitzende des Aufsichtsrates		
Dagmar G. Wöhrl	CSU	1	Nürnberger Allgemeine Versicherungs-AG, Nürnberg, Mitglied des Aufsichtsrates				
Willi Zylajew	CDU	2	SV (Deutschland) GmbH, Langenfeld, Mitglied des Aufsichtsrates	Wirtschaftsförderung Rhein-Erft GmbH, Frechen, Vorsitzender des Aufsichtsrates			

Top 16 der Nebeneinkünfte der Abgeordneten

Sicherer Mindestbetrag und weitere mögliche Einkünfte in Euro grau dargestellt (18. Legislaturperiode bis 28.7.2015, umfasst sowohl laufende als auch abgeschlossene Nebentätigkeiten)

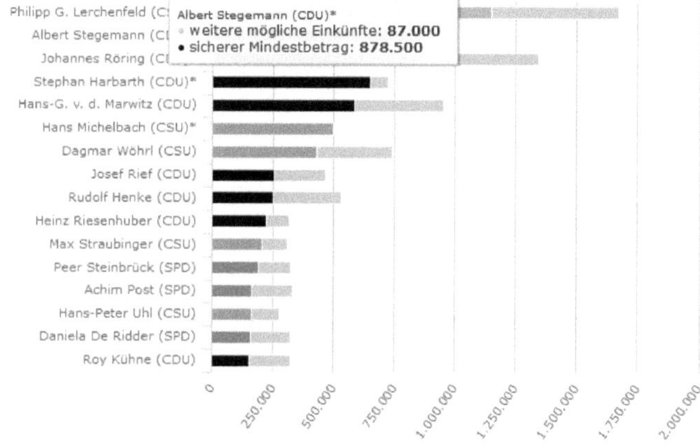

Quelle: abgeordnetenwatch.de (Stand: 28. Juli 2015), *Einträge in Stufe 10 (über 250.000 Euro)